서울이 보고 싶다

서울이 넘고 살라

최종수

역민사

2021

머리말

나는 내가 보고 싶은 서울을 다른 사람도 보고 싶어 할 것이라고 생각하면서 이 책을 썼다. 어떤 사람은 사랑하는 사람의 눈을 보면서도 그 사람이 보고 싶다고 하고, 어떤 부모는 아이를 바라보면서 아이가 보고 싶다고 한다. 나는 매일 서울을 보면서도 서울이 보고 싶다. 누구나 지나간 일을 회상하고, 앞으로의 일을 기대하며, 몰랐던 것을 더 알고 싶어 하기 때문일 것이다.

이 책은 사진과 함께 보는 서울에 관한 역사와 문화의 개설서라 할 수 있다. 가장 기본적이라고 여겨지는 시대적 사실들을 현재와 과거를 교차해 가며 사진을 통해 보여 주고, 그 시대에 살았던 사람들이 이루어 놓은 문화를 개괄적으로 전해주기 때문이다. 역사와 문화란 따로 전개되는 것이 아니라 하나로서 함께 진행되고 있다는 개념 아래 이 책의 내용을 기술하고 편집하였다.

제한된 공간에서 압축하여 쓰려고 하니 어느 것을 넣고 어느 것을 빼야 할지 사안의 선정에 어려움이 있었다. 또한, 있었던 사실에 대해 균형을 맞추고 정확하게 전달하고자 하였으나 능력에 한계가 있고, 개인적 소감이 완전히 배제될 수는 없었다. 그래도, 이렇게 나름대로 완성을 하였으니 나에게는 큰 보람이고 기쁨이다. 독자들이 이 책을 좋게 보아 주신다면 그저 황송할 따름이다.

사진을 이용할 수 있게 해주신 기관들에게 감사드리며, 이 책이 나올 수 있도록 도와주신 모든 분들에게 깊은 고마움을 전한다.

2021년 봄에

북한산 아래에서 지은이 드림

차 례

3. 조선의 산성

4. 조선의 왕릉

03. 일제강점기

04. 대한민국

01. 삼국시대

1. 풍납토성

풍납토성風納土城은 서울 송파구 풍납동에 있는 백제의 평지 토성이다. 북북동에서 남남서로 긴 타원형을 이루고 있으며, 서북쪽 바로 곁에는 한강이 흐르고 한강 건너에는 아차산이 있다. 남동쪽은 넓은 평지다. 이 일대는 토지가 비옥하고 기후가 좋았던 것으로 보이며, 인근 한강변에서는 선사시대의 유물이 다량 출토되었다.

BC 18년, 시조 온조는 백제를 건국했다. 이 초기의 백제는 지역의 이름을 따서 한성백제라 했고, 수도는 하남위례성으로 풍납토성을 포함한 한강 유역 일대였다. 한성백제는 5백 년 가까이 이곳에서 국가를 영위했으나 475년, 고구려 장수왕 군대의 침공으로 개로왕은 전사하고, 수도를 상실한 채 공주로 천도했다.

한성백제가 소멸된 이후 하남위례성 지역에는 고구려 군사가 주둔했다. 551년, 백제는 신라와 연합하여 이 지역을 고구려로부터 탈환했다. 그러나 2년 후 553년에 백제는 신라에게 이 지역을 다시 상실했고 끝내 수복하지 못 했다. 이후 백제와 신라는 항쟁을 거듭하다가 660년 백제는 나당연합군에 멸망했다. 당시 수도는 부여였다.

백제의 멸망 이후 옛 수도 하남위례성은 잊혀졌다. 5백 년 후, 1145년에 고려의 김부식이 편찬한 <삼국사기>에 위례성이 어디인지 모르겠다고 했다. 1285년에 일연이 저술한 <삼국유사>에 위례성은 직산이라고 했으나 그 직산이 어디인지 불분명하다. 조선 후기에 정약용은 BC 5년 백제가 한산으로 천도한 것은 하북위례성에서 하남위례성으로 천도한 것이라 하고, 위치는 경기도 하남시 춘궁동 일대로 추정했다.

1925년 을축대홍수에 엄청난 유수가 풍납토성을 휩쓸고 지나갔다. 물살이 지나간 토성 벽에서 백제의 청동 초두 2점이 출토되었다. 이를 근거로 1934년에 일본인 학자는 이곳이 하남위례성이라고 주장하였다. 1939년 이병도는 그 주장을 반박하며 풍납토성은 왕성이 아니라고 해석했다. 해방 이후에 학자들이 정약용과 이병도의 이론에 따라 90년대 후반까지 춘궁동 일대와 이성산성 등을 7차에 걸쳐 조사했으나 하남위례성의 유적은 발견되지 않았다.

1962년 1월에 <문화재보호법>이 제정되어 문화재들이 체계적인 보호와 관리를 받게 되었다. 1963년 1월, 풍납토성은 전체 길이 약 3.5km, 유역 면적 약 90만㎡ 중에서 길이 2,250m, 면적 121,325㎡ 가 사적 제 11호로 지정되었다. 풍납토성에 대한 본격적 조사는 1964년에 최초로 이루어졌다. 서울대 조사반은 풍납토성이 돌을 깔고 그 위에 흙을 다지는 판축법으로 건설되었고, 1세기 이후 475년에 천도할 때까지의 유적이라고 밝혔다. 풍납리식 민무늬토기, 그물추, 물레, 가락바퀴, 기와, 신라식 토기 등 선사시대부터 삼국시대에 이르는 유물들이 출토됨으로 백제 이전부터 삼국시대까지 사람이 살던 곳임을 확인했다.

1960년대까지도 상습 침수지역이었던 풍납토성 내부에는 소수의 주민과 작은 토기나 도자기 공장, 그리고 약간의 농토가 있을 뿐이었다. 오른쪽 사진에서 보면 풍납토성의 한강 쪽 성벽 일부는 완전히 유실되었고, 강물이 범람하여 풍납토성을 관통해 지나갔음을 볼 수 있다. 한강 위에는 1936년에 건설된 광진교가 보이고, 오른쪽 위에 검게 보이는 부분이 천호동 지역이다. 1976년부터 2년에 걸쳐 북동쪽 성벽 약 5백m를 추정 복원하였다. 풍납토성은 존재는 남아 있으나, 실체는 아직 분명하게 밝혀지지 않고 있었다.

<풍납토성 출토 청동 초두>

1980년대가 되면서 한강 이남 지역인 강남구에 이어 송파구도 개발이 시작되었다. 풍납동도 신흥개발지역에 포함되어 아파트와 연립주택 건설공사가 진행되었다. 한강 쪽 서벽은 이미 유실된 데다 올림픽대로 공사의 영향으로 거의 사라져 버렸고 북, 동, 남쪽의 성벽은 그나마 상당 부분 남아 있는 상태였다.

풍납토성 내부에서 신축 건물의 기초를 파면서 바닥에 깔려 있던 한성백제의 유물들이 언제 어떻게 얼마나 부서지고 사라졌는지 파악조차 되지 않았다. 1986년 5월에 한강을 따라 올림픽대로가 개통되었고, 1988년에는 인근 몽촌토성 일대에서 서울올림픽이 열렸으며, 1989년에는 길 하나 건너 남서쪽에 서울아산병원이 개원했다. 풍납토성 안쪽에는 아파트와 주택들이 가득 들어찼다.

1997년 1월에 선문대학교 학술조사단이 풍납토성을 실측하면서 풍납토성은 획기적으로 주목받기 시작했다. 조사단은 토성의 바닥폭이 30~40m, 높이는 일부 11m 이상이었다는 것을 보고하는 동시에, 건설공사 현장에서 다수의 백제 유물이 발견되었음을 확인했다. 유물의 양과 수준이 충격을 주기에 충분했다. 한성백제와 하남위례성의 실체가 급격하고 분명하게 밝혀지기 시작했다.

<풍납토성>

국립문화재연구소는 풍납토성 실상의 중대함을 인지하고, 긴급조사를 실시하였으며 이후에 재건축을 시행할 때에는 사전조사의 시행이 의무화되었다. 그러나 이미 풍납토성 내부 지표상의 유적은 거의 파괴된 후였다. 1999년 한신대학교 조사단에서는 경당지구에 대한 조사를 실시하여 수천 점의 초기 백제 유물을 발굴했다.

성벽에 대한 연구 조사도 실시되었다. 동벽 2개 지역을 절개하여 축성방식을 면밀하게 조사한 결과, 토성은 2단으로 쌓았고 중간에 폭 1m 정도의 턱을 두었음을 밝혔다. 가장 밑바닥에 뻘을 깔아 기초를 다지고 그

<1980년대의 풍납토성>

위에 폭 7m, 높이 5m 정도의 사다리꼴 중심 토루를 쌓은 다음, 그 바깥쪽에 모래, 흙, 뻘 등을 비스듬히 덧쌓고, 작은 돌을 채워 마무리한 것으로 확인되었다. 흘러내림과 밀림을 방지하고 배수까지 고려한 방식이었다. 다른 한편으로는 뻘흙을 깔고 그 위에 나뭇잎이나 나뭇가지를 깔고 다시 뻘흙을 까는 방식을 10여 차례 반복하는 방식도 확인하였다. 그밖에도 풍납토성 안팎으로 거주 지역, 우물, 도로 등과 동쪽 벽 4곳에 출입문 흔적이 있음을 확인하였다.

2004년부터 경당지구 인근의 미래마을에 대한 발굴조사가 진행되었다. 여기에서 도로의 유구, 기와조각, 폐기된 수혈, 대형 주거지, 지상식 건물지 등이 다수 발굴되었다. 2008년 6월에는 경당지구에서 건평이 344.4㎡나 되는 대형 건물터가 발견되었다. 이 일대에서 최대 규모로 일반 건축물과 구조가 다르고 출토된 다량의 기와와 벽돌 등을 볼 때 궁전이나 제례 건물이었던 것으로 추정된다. 2011년 미래마을은 조사가 끝나고 복토한 후 풍납백제문화공원으로 조성되었다. 풍납토성 일원은 계속 발굴 조사 중이고 정비 중이다. 이곳에서 발굴된 유물들은 올림픽공원 내의 한성백제박물관 등으로 이관되어 보관 전시 중이다.

풍납토성은 200년 전후에 건설이 종료된 것으로 추정된다. 이 토성 건설에 들어간 토사량은 대략 1백만㎥로 25톤 대형 덤프트럭 2만 대 이상의 물량이다. 이러한 대규모의 공사를 시행하려면 막대한 경제력과 강력한 지배력 없이는 불가능하다. 백제는 해상 교통로를 이용한 중국, 왜와의 무역을 통해 부를 모았으며, 정치적으로도 안정된 왕권국가였던 것이다. 풍납토성이 완성되고 근초고왕(재위 346~375)이 통치하던 시기가 한성백제의 전성기였다.

백제 멸망 후 위치는 물론 존재마저 희미했던 하남위례성이 그 모습을 확실하게 드러냈다. 수만 점의 유물 발굴과 축성 방식까지 확인된 지금 더 이상 논란의 여지가 없다. 어찌하여 풍납토성이라는 실체를 눈앞에 두고도 백제 멸망 이후 1400년 가까이 망각과 의문 속에서 하남위례성의 언저리만 배회했는지, 그 수수께끼를 풀어야 할 시기가 왔다. 풍납토성의 실체 확인과 유물 발굴로 한국 고대사와 백제에 대한 연구는 한 차원 높아졌으며, 백제라고 하면 공주, 부여 일대만 생각했던 고정관념에도 큰 변화가 일기 시작했다.

풍납동은 2천 년 가까운 세월을 견디어 온 과거의 조성물과 현대의 첨단 문명과 건축물이 만나는 곳이다. 2천 년의 시간 차이를 한 자리에서 한 눈에 볼 수 있는 장소는 세계적으로도 흔치 않다. 풍납토성과 잠실의 L 타워가 직선으로 이어지고 있다.

<풍납토성>

<복원된 풍납토성>

2. 몽촌토성

몽촌토성夢村土城은 서울 송파구 오륜동에 있는 초기 백제의 토성으로 풍납토성 남동쪽 끝에서 7백m 정도 떨어져 있다. 1988년 서울올림픽을 위해 조성된 올림픽공원 안의 중앙 산책로가 몽촌토성이다. 둘레 2.7km, 동서 최장 540m, 남북 최장 730m의 마름모꼴을 이루고 있다. 북동쪽에는 270m의 외성과 목책의 흔적이 남아 있고, 성내천 지류가 3면을 둘러싸며 자연 해자를 이루고 있다.

몽촌토성은 표고 40m 내외의 자연 언덕을 그대로 이용한 부분, 경사면을 깎아 만든 부분, 토성을 축성한 부분이 혼합되어 있다. 토성 축성은 진흙과 모래흙을 5~10cm 두께로 번갈아 다져 쌓는 방식이다. 평상시 거주지역인 평지성 풍납토성이 외부의 침입을 받았을 경우에 대비한 예비시설로, 풍납토성과 마찬가지로 200년 전후에 축성이 종료된 것으로 보인다.

475년에 백제가 공주로 천도한 이후에 몽촌토성은 풍납토성과 같은 운명을 겪게 되었다. 여러 차례 왕조가 바뀌고 천오백 년의 세월이 흐르면서 몽촌토성은 존재 자체가 망각 속으로 사라졌다. 몽촌토성이 하남 위례성일 것이라는 가설이 나오기도 했으나, 그러기에는 너무 작았고 출토된 유물도 빈약했다.

1980년대에 들어와 올림픽 경기장 건설과 맞물려 몽촌토성이 다시 주목 받기 시작했다. 1982년 7월 사적 제 297호로 지정되었고, 지정 면적은 482,164㎡ 였다. 1983년부터 1989년 사이에 9개 기관의 공동조사단이 6차에 걸쳐 몽촌토성에 대한 조사를 실시했다.

토성 내부에서는 움집터, 독무덤, 저장 구덩이 등 유구와 함께 무기, 낚시 바늘, 돌절구 등이 출토되었다. 중국 서진(265~316)의 동전무늬가 찍힌 자기 조각이 발견되어 축조 연대가 3세기 말까지 올라갈 수 있게 되었다. 지표면에서는 회백색 연질토기 등 전기 삼국시대 유물이 출토되었고 문터 3곳, 망대 4곳과 고구려 군사가 주둔했던 흔적으로 보이는 온돌 시설을 갖춘 건물 터도 확인되었다. 이후 삼국시대 후기나 통일신라, 고려의 유물은 나타나지 않아 사람들이 살지 않았던 것으로 보이며, 천여 년이 지난 조선시대에 와서 사람들이 다시 거주하기 시작한 것으로 추정되고 있다.

1986년 4월에 145만㎡의 올림픽공원이 준공되었으며, 1988년 몽촌토성 남쪽에 건설된 경기장에서 88 서울올림픽 경기가 진행되었다. 경기장 주변 지역은 급속하게 신흥도시로 개발되었으며, 현재는 백제 유적에 대한 발굴도 거의 마무리 된 상태다. 1997년 이후 풍납토성이 하남위례성이라는 증거들이 많이 나옴에 따라 몽촌토성은 자연스레 풍납토성의 보완적 토성으로 자리매김 되고 있다.

2012년 4월에 올림픽공원 남서쪽에 한성백제박물관이 개관되었다. 풍납토성과 몽촌토성 일대에서 발굴된 유물 등 4만 2천여 점을 소장하고 있으며 초기 백제의 모습을 잘 보여주고 있다. 박물관 옥상 하늘정원에서 바라보면 몽촌토성을 비롯한 올림픽공원 전경은 물론 아차산, 남한산성과 먼 산으로 둘러싸인 한성백제의 수도 일원이 눈 앞에 펼쳐진다. 넓은 평지와 한강이라는 큰 강과 사방을 둘러싼 산들의 지세로 보아 이곳이 한 국가의 수도가 될 만한 곳임을 한눈에 알 수 있다.

<몽촌토성>

3. 아차산

아차산阿且山, 峨嵯山은 서울의 동쪽 끝 광진구와 경기도 구리시에 걸쳐 남북으로 길게 펼쳐진 높이 295m의 산이다. 이어지는 용마산, 망우산까지 포함하여 아차산이라고도 한다. 아차산에는 백제, 고구려, 신라와 통일신라, 고려, 조선의 유적들이 곳곳에 흩어져 있어 이곳이 삼국시대와 그 이후에도 지리적, 역사적으로 중요한 곳이었음을 말해 주고 있다. 아차산 남쪽 아래는 한강이고 한강 건너에는 한성백제의 수도였던 하남 위례성이 있다.

475년, 고구려 장수왕(재위 413~491)의 3만 대군이 백제를 공격했다. 고구려군은 백제 수도의 마지막 방어선인 아차산을 격파하고 위례성을 압박했다. 백제의 개로왕은 아차산 밑에서 고구려 군사에게 잡혀 참수되고, 동생 문주왕은 다급하게 남쪽 공주로 천도하므로 한성백제는 종말을 고했다. 아차산과 위례성 일대를 점령한 고구려군은 이제는 남쪽의 백제나 신라의 반격에 대비해야 했다.

고구려군은 아차산 남쪽 한강변에 아차산성을 쌓고 북쪽 방향으로 이어지는 산줄기에 보루를 쌓았다. 기존의 백제 산성과 보루를 상당 부분

<아차산>

보수 개축했다. 아차산성은 전체 길이 1,125m, 성벽의 높이는 평균 바깥쪽 10m, 안쪽 1~2m다. 동, 서, 남 3방향의 문, 수로, 곡성, 건물터 등의 흔적이 남아 있고 토기, 철기, 와당 등이 출토되었다. 1973년 5월 아차산성 103,375㎡가 사적 제 234호로 지정되었다.

아차산 일대에는 30개 가까운 보루가 있다. 보루란 둘레 300m 이하의 작은 산성을 말하며 산줄기가 꺾어지는 곳, 봉우리 등 전망이 트인 곳에 만들어지는 군사시설이다. 30개 중 10여 개가 고구려 보루로 추정되고

<아차산성 성벽>

<아차산성 성벽>

있다. 아차산성과 고구려 보루는 서울에서 드물게 볼 수 있는 고구려 유적이다. 2004년 10월에 홍련봉 1 · 2 보루, 아차산 1 · 2 · 3 · 4 · 5 보루, 용마산 1 · 2 · 3 · 4 · 5 · 6 · 7 보루, 시루봉 보루, 수락산 보루, 망우산 보루 등 17개의 보루, 면적 924,599㎡가 사적 제 455호 아차산일대보루군으로 지정되었다.

아차산성부터 용마산으로 이어지는 고구려 보루는 서로 긴밀히 연락하여 전체적으로 하나의 장성 역할을 하였다. 적은 군사로 넓은 지역을

<홍련봉 제 1보루>

<아차산 제 4보루>

효율적으로 방어할 수 있는 고구려의 특징적인 방어 시설이다. 아차산 남쪽 끝의 홍련봉 제 1보루는 한강과 강 건너를 조망하기 좋은 위치에 있고, 고구려의 고급 기와조각이 출토된 것으로 보아 고구려군의 최전방 지휘소였을 가능성이 크다. 아차산 제 3보루에서는 건물터와 많은 유구가 발견되었고, 제 4보루에서는 다량의 농기구와 갑옷, 무기, 온돌시설 등이 발굴되었다.

용마산은 서울 광진구 구의동과 중랑구 면목동에 걸쳐 있는 높이 348 m의 산으로, 아차산의 정상이라고 할 수 있다. 정상에 있는 용마산 제 3보루는 이 일대에서 가장 높고 조망이 좋다. 이곳에서 신라의 토기 조각이 수습되어 신라의 보루일 수도 있으나 백제, 고구려, 신라의 보루가 모두 겹쳐 있을 개연성이 크다.

고구려군이 이 지역을 점령한 지 76년 후인 551년, 백제는 신라와 연합하여 고구려군을 축출하고 고토를 회복하였으며, 고구려군은 북쪽으로 물러났다. 그러나 2년 후 백제는 신라 진흥왕에게 이곳을 빼앗기고 다시는 회복하지 못 했다. 이곳은 백제, 고구려, 신라의 순으로 삼국이 모두 영토로 삼았던 지역이며, 한강을 장악하는 자가 한반도를 지배한다는 말도 이곳에서 유래한 것으로 보인다.

<아차산과 한강>

4. 북한산 비봉

북한산 비봉은 정상에 북한산신라진흥왕순수비北漢山新羅眞興王巡狩碑가 있어 비봉이라고 부른다. 진흥왕이 한강 유역을 영토로 편입한 다음에 이 지역을 순방한 것을 기념하기 위해 세운 비석이다. 북한산 남서쪽 거의 끝, 남동쪽 아래로 광화문 일대가 한눈에 보이는 위치에 있으며, 높이는 560m다.

551년, 신라 진흥왕(재위 540~576년)은 백제와 연합하여 고구려가 점령하고 있던 죽령 이북의 한강 상류로 진격하여 고구려군을 축출하고 10개 군을 설치했다. 553년에는 백제가 고구려로부터 탈환한 한강 하류 지역을 다시 공략하여 백제를 축출하고 신라 영토로 편입시켰다. 신라는 서해로 진출할 수 있게 되었으며, 이곳에 신주를 설치했다.

진흥왕순수비의 건립 연대는 진흥왕이 이 지역을 순수한 진흥왕 16년(555)에서 황초령비가 세워진 진흥왕 29년(568) 사이, 또는 그 이후로 추정되고 있으나 555년 설이 가장 유력하다. 지금까지 발견된 진흥왕의 순수척경비는 모두 4개로 창녕척경비, 북한산순수비, 마운령순수비, 황초령순수비다.

<북한산신라진흥왕순수비> - 북한산 비봉 정상의 원래 모습 -

비석은 직사각형의 다듬어진 화강암을 사용했으며, 자연 암반 위에 2단의 기단을 만들고 그 위에 세워졌다. 비석 상단에는 옥개석을 씌웠던 흔적이 있으나 옥개석은 발견되지 않았다. 비신은 높이 155cm, 너비 71cm, 두께 16cm다. 비문은 12행에 행마다 32개의 글자가 해서체로 새겨져 있고, 판독할 수 있는 글자는 130여 자다.

이 비석이 세워진 후 오랜 세월이 지나자 기억에서 사라졌다. 8백여 년이 지난 조선 건국 무렵에 태조 이성계의 왕사였던 무학대사가 조선의 수도가 될 곳을 물색하던 중에 이곳에 올라왔다고 한다. 무학대사가 무엇을, 어떻게 했는지 모르나 이 비석은 한 때 무학대사비라고 불리기도 했다. 비봉과 조선 수도의 핵심 지역인 광화문 일대는 서로 마주보이는 위치에 있다.

무학대사로부터 다시 4백여 년이 지난 조선 후기에 금석학자 추사 김정희가 1816년과 그 이듬해에 비봉에 올랐다. 김정희가 비문 68자를 판독함으로써 이 비석은 신라 진흥왕의 순수비임이 밝혀졌다. 비의 좌측

<북한산신라진흥왕순수비> - 국립중앙박물관 -

면에는 당시 김정희가 두 차례 이곳에 올라 비문을 판독한 사실이 새겨져 있다. 김정희가 어떻게, 무엇을 알고 여기까지 올라왔는지는 알려져 있지 않다. 비석 옆면에 새겨진 추사 김정희의 기록은 다음과 같다.

<此新羅眞興大王巡狩之碑丙子七月金正喜金敬淵來讀
丁丑六月八日金正喜趙寅永同來審定殘字六十八字>

1962년, 진흥왕순수비는 국보 제 3호로 지정되었다. 비석의 마모가 심해 1972년에 경복궁 근정전 회랑으로 옮겨졌고, 그 해에 원래 비석이 있던 자리는 사적 제 228호로 지정되었다. 1986년 8월에 비석은 국립중앙박물관으로 다시 옮겨져 공개되고 있다. 2006년에 비석이 있던 자리에는 모조비석을 세워 놓았다.

서울 광화문 네거리에서 경복궁 쪽을 바라보면 이순신장군–세종대왕–광화문–경복궁–청와대–북악산이 직선으로 이어진다. 그 뒤에 배경으로 비봉–북악산–보현봉이 수평으로 펼쳐진다. 이 가로–세로 선은 진흥왕–무학대사–김정희–현재까지 천오백 년 가까이 이어지는 시간의 연결선이기도 하다.

<서울의 배경>

02. 조 선

1. 조선의 궁궐

1) 궁궐 전체보기

조선의 궁궐은 국가의 중심이었다. 왕과 왕실 가족이 거주하는 생활공간인 동시에 국가의 존엄성을 상징하고 각종 법령과 제도를 의결하고 시행하는 정청이었다. 조선에는 두 개의 궁궐이 동시에 있어야 한다는 양궐체제라는 원칙이 있었다. 왕이 항시 거주하고 활동하는 으뜸 궁궐인 법궁, 법궁을 보조하며 제 2의 궁궐 역할을 하는 이궁으로 조선의 왕들은 법궁과 이궁을 오가며 생활하고 국가를 운영했다. 그밖에 가례 등을 행하는 별궁, 행차할 때 임시로 머무는 행궁 등이 있었다.

궁궐 내의 전각과 공간은 사용하는 사람의 신분과 용도에 따라 외전, 내전, 동궁, 후원, 궐내각사 등으로 나뉘어졌다. 외전은 국가적 의식이나 행사를 거행하고 왕과 신하들이 공식적으로 만나 국가의 일을 의논하고 시행하는 장소로 궁궐의 바깥쪽에 있다. 내전은 궁궐의 주인인 왕과 왕비가 일상생활을 하고 공식 활동을 하는 공간으로 궁궐의 안쪽에 위치하고 있다.

동궁은 왕위 계승자인 왕세자가 생활하고 활동하는 곳으로 떠오르는 태양이라는 의미에서 내전의 동쪽에 있다. 후원은 왕실 사람들의 옥외 활동 공간으로 궁궐의 뒤쪽에 있다. 궐내각사는 궁궐 안에 들어와 활동하는 여러 관청 관리들의 공간으로 궁궐의 서쪽에 있다. 이외에도 왕실 가족들이 사는 전각들과 이들을 시중드는 사람들의 공간이 내전 뒤편에 있으며 이곳은 별도의 이름이 없다.

건물은 용도에 따라 정전, 편전, 침전 등으로 나뉜다. 정전은 궁궐 외전의 중심이 되는 전각으로 가장 크고 화려하며 회랑으로 둘러싸여 있다. 정전의 앞마당을 조정이라 하며 왕의 즉위식을 거행하고, 왕이 신하들의 조하를 받고, 외국 사신을 접견하는 등 국가의 큰 행사가 이루어지는 곳이다. 편전은 왕이 주로 머물며 국가 경영을 논의하고 학문을 연구하는 실무 장소다. 침전은 연침이라고도 하며 왕과 왕비가 휴식을 취하고 식사를 하고 취침을 하는 생활공간이다.

궁궐 안의 전각들은 규모와 품격에 따라 차등이 있었다. 전, 당, 합, 각, 재, 헌, 루의 순으로 건물 이름 뒤에 한 자씩 붙였다. 정전, 편전, 침전은 전이고, 그 다음은 당, 또 그 다음은 합 등으로 구분하였다. 근정전, 인정전, 희정당, 장안당, 곤녕합 등으로 전각들의 이름이 지어졌다.

조선의 수도 서울에는 5대 궁궐이 있었다. 건설 순서대로 경복궁, 창덕궁, 창경궁, 경희궁, 경운궁이다. 경복궁은 북궐, 창덕궁과 창경궁은 함께 묶어 동궐이라고 했고 경희궁은 서궐이라고 했다. 경희궁의 처음 이름은 경덕궁이었고, 경운궁은 지금 덕수궁이라고 부르고 있다.

<조선 궁궐의 변천>

연도	법궁	이궁	임시 어소
1395년	경복궁 건설		
1405년	경복궁	창덕궁 건설	
1484년	경복궁	창경궁 건설	
1592년	경복궁 소실	창덕궁 · 창경궁 소실	
1592년~1593년			의주 몽진
1593년~1615년			경운궁
1610년	창덕궁 중건		
1616년	창덕궁	창경궁 중건	
1617년	창덕궁	경희궁 건설	
1867년	경복궁 중건		
1868년~1896년	경복궁	창덕궁	
1896년~1897년			아관파천
1897년	경운궁 건설		
1897년~1907년	경운궁		
1907년~1910년	창덕궁	덕수궁(경운궁)	

<조선 역대왕>

대수	묘호	출생~사망	재위	자녀	부친
1	태조	1335~1408	1392~1398	13	이자춘
2	정종	1357~1419	1398~1400	25	태조
3	태종	1367~1422	1400~1418	29	태조
4	세종	1397~1450	1418~1450	22	태종
5	문종	1414~1452	1450~1452	3	세종
6	단종	1441~1457	1452~1455	-	문종
7	세조	1417~1468	1455~1468	5	세종
8	예종	1450~1469	1468~1469	3	세조
9	성종	1457~1494	1469~1494	28	덕종
10	연산군	1476~1506	1494~1506	6	성종
11	중종	1488~1544	1506~1544	20	성종
12	인종	1515~1545	1544~1545	-	중종
13	명종	1534~1567	1545~1567	1	중종
14	선조	1552~1608	1567~1608	25	덕흥대원군
15	광해군	1575~1641	1608~1623	2	선조
16	인조	1595~1649	1623~1649	7	원종
17	효종	1619~1659	1649~1659	8	인조
18	현종	1641~1674	1659~1674	4	효종
19	숙종	1661~1720	1674~1720	8	현종
20	경종	1688~1724	1720~1724	-	숙종
21	영조	1694~1776	1724~1776	9	숙종
22	정조	1752~1800	1776~1800	4	장조
23	순조	1790~1834	1800~1834	5	정조
24	헌종	1827~1849	1834~1849	-	익종
25	철종	1831~1863	1849~1863	6	전계대원군
26	고종	1852~1919	1863~1907	7	흥선대원군
27	순종	1874~1926	1907~1910	-	고종

서울에는 내사산內四山과 외사산外四山이 있다. 안쪽의 네 개의 산과 바깥쪽의 네 개의 산으로 내사산은 북악산, 낙산, 남산, 인왕산이고, 외사산은 북한산, 아차산, 관악산, 덕양산이다. 풍수 이론에는 4방위에 북현무, 남주작, 좌청룡, 우백호의 네 요소가 있어야 한다. 경복궁의 북현무는 북악산, 남주작은 남산, 좌청룡은 낙산, 우백호는 인왕산이다.

조선은 개성에서 건국하여 서울로 수도를 옮긴 다음, 경복궁을 건설하고 좌측에 종묘, 우측에 사직단을 세웠다. 내사산을 연결하여 한양도성을 쌓았으며, 한양도성 안에는 내수인 청계천이 흐른다. 도성 밖으로는 외수인 한강이 흐르며, 울타리 같은 외사산이 있다.

<궁궐 위치도>

서울 외사산의 북쪽 산은 서울의 주산인 북한산이다. 사진 중간쯤의 왼쪽 끝에서 오른쪽 끝까지다. 오른쪽 거의 끝에 멀리 보이는 봉우리들이 정상 부분으로 높이 837m의 백운대를 비롯하여 만경대, 인수봉 등이다. 북한산 앞에 보이는 짙은 푸른색의 산은 북악산이다.

외사산의 동쪽 산은 아차산이다. 사진 중간쯤에 아파트 뒤로 보이는 긴 능선으로 오른쪽부터 아차산, 용마산, 망우산 세 산이 이어져 있다. 정상은 348m의 용마산이다. 앞에 보이는 언덕은 창신동 채석장이다.

<북한산>

<아차산>

외사산의 남쪽 산은 관악산으로 외사산 중 유일하게 한강 건너에 있다. 정상은 632m의 연주대며, 산 전체가 정상을 중심으로 비스듬한 경사를 이루고 있다. 관악산은 풍수의 4방위에서 남주작이며 불을 의미한다. 조선은 관악산의 불기운에 많은 주의를 기울였다.

외사산의 서쪽 산은 덕양산으로 높이 125m로 외사산 중 가장 낮다. 남쪽은 한강 하류 강변이며 북, 동, 서 삼면이 평야고, 서해가 멀지 않다. 덕양산에 쌓은 산성이 임진왜란 때 대첩을 거둔 행주산성이다.

<관악산>

<덕양산>

2) 경복궁

경복궁 전체보기

경복궁景福宮은 조선의 법궁 또는 정궁이라 부른다. 위치나 규모나 건축미가 명실상부한 조선 제일의 궁궐이다. 북악산을 뒤에, 인왕산을 오른쪽에 두고 동서 5백m 남북 8백m로 432,702㎡(약 13만 평)의 대지 위에 남향으로 건설되었다. 앞으로 넓은 평지가 펼쳐지고 그 앞에 청계천이 시작되며 남산이 바라보인다. 바로 뒤 북쪽에 북악산이 있고 그 너머는 북한산이다.

1392년 7월에 조선을 건국한 태조와 신료들은 1394년 10월에 개성에서 한양으로 도읍을 옮기고 궁궐 건설을 서둘렀다. 12월, 천지신명에 궁궐 건설을 고하고 다음 해 9월에 낙성을 보았다. 명칭은 <시경>의 '군자만년개이경복君子萬年介爾景福'에서 따와 경복궁이라 했다. 내전 173칸, 외전 212칸, 궐내각사 390칸으로 모두 775칸 규모였다. 남에 광화문, 북에 신무문, 동에 건춘문, 서에 영추문을 세웠다. 정문인 광화문에서 흥례문-근정문-근정전-사정전-강녕전-교태전을 직선으로 잇는 남북 중심축이 경복궁의 중추다. 태조 때 처음 건설이 이루어진 이후, 수시로 전각의 증축과 보수가 이루어졌다.

건국으로부터 200년 후, 선조 25년(1592) 임진년 4월에 왜군이 침입하여 임진왜란이 일어났다. 부산성이 함락되고 충주에서도 패해 왜군이 빠른 속도로 한성으로 진격하자 선조는 다급하게 피난길에 올랐다. 텅 빈 경복궁은 5월 초에 모두 불타버렸다. 태조 때 건설되어 국가의 중심이며 상징이었던 경복궁은 흔적 없이 사라져 버렸다.

임진왜란으로 불탄 경복궁은 그 후 270여 년 간 폐허로 남아 있었다. 조선 왕조 전체 519년의 반이 넘는 기간이다. 그런 경복궁이 흥선대원군에 의해 고종 2년(1865) 4월에 중건이 시작되어 고종 4년(1867) 11월에 완료되었다. 다른 궁궐들의 규모와 품격을 훨씬 능가하는 대역사로 5백여 동, 총 7,225칸이었다. 1868년 7월에 고종이 대왕대비를 모시고 새

궁궐로 이어하니 경복궁은 조선 법궁의 위엄을 되찾았다.

1885년 1월에 고종은 경복궁 안 북쪽에 새로 지은 건청궁으로 거처를 옮겼다. 건청궁으로 옮긴 지 10년 후, 1895년 10월에 명성황후가 건청궁에서 일본인들에게 시해되고, 고종은 다음 해 2월 건청궁에서 나와 러시아 공사관으로 이어했다. 1년 후에는 새로 건설한 경운궁으로 들어간 후, 고종은 경복궁에 다시 돌아가지 못 했다.

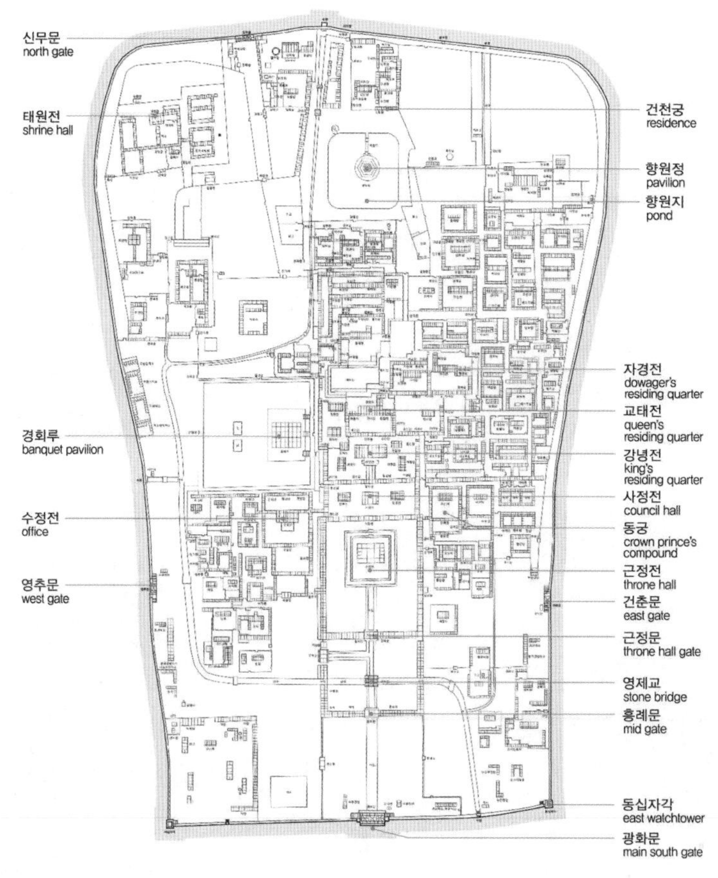

<북궐도형>

<북궐도형>은 경복궁이 중건된 1867년 이후 제작된 지도로 건물배치도라 할 수 있다. 55㎝×37㎝의 1첩으로 되어 있으며, 폈을 때의 전체 크기는 280㎝×432㎝다.

1910년 8월에 조선은 일제에 나라를 빼앗겼다. 그 무렵에 일제는 경복궁의 건물 7천여 칸 중에서 4천여 칸을 헐어 일본인, 조선인 가릴 것 없이 민간인에 팔아버렸다. 1915년 9월 일제는 경복궁에서 <시정5주년기념조선물산공진회>라는 박람회를 개최하며 광화문과 근정전, 경회루, 수정전, 사정전 등만 남기고 모두 철거했다. 1920년에는 내전의 중심 전각인 강녕전, 교태전을 헐어 그 자재로 불탄 창덕궁의 내전을 다시 지었다. 1926년 10월에는 흥례문 구역에 지상 4층, 연건평 31,200㎡로 당시

<1915년 시정5주년기념 조선물산공진회 광고지>

<해방 후의 경복궁>

동양 최대의 건물인 총독부청사를 지어 근정전을 완전히 가려버렸다. 1945년 8월 광복을 맞이했다. 경복궁에는 1867년 중건 당시의 7% 정도인 근정전, 경회루 등 14동의 전각과 부속 시설만 남아 있었고, 총독부청사는 중앙청이라고 불리며 건재했다. 1990년부터 1차 경복궁정비사업이 시작되어 총독부청사는 1996년 11월 철거가 완료되었고, 2010년까지 광화문, 강녕전, 교태전 등 89동이 복원되었다. 2차 정비사업으로 2011년부터 2045년까지 80동을 추가 복원할 계획이다.

<1968~1990년대 초 경복궁>

<2010년 이후의 경복궁>

광화문

광화문光化門은 경복궁의 남문이며 정문이다. 1395년부터 경복궁의 주요 전각들이 건설되었고, 정종 1년(1399)에는 궁궐 주위에 궁성을 쌓고 동, 서, 남 방향에 문을 세웠다. 광화문은 이때 세워졌으며 처음 이름은 사정문이었으나 세종 7년(1425)에 광화문으로 개칭되었다. 이 문은 임진왜란 때 불에 타 사라졌다.

1867년 경복궁을 중건하면서 광화문도 다시 지어졌다. 섬세하고 웅대하며 균형과 조화를 이룬 경복궁의 정문이었다. 크고 높은 석축 중앙에 3개의 홍예를 두고, 석축 위에 정면 3칸 측면 2칸의 겹처마 2층 우진각지붕 문루를 올렸다. 궁궐 정문에 석축을 쌓은 것은 광화문뿐이고, 궁궐과 한양도성에서 3개의 홍예가 있는 문도 광화문이 유일하다.

1910년 일제강점기가 시작되고, 경복궁이 비어 있을 때에도 광화문은 원래의 자리에 서 있었으나, 1926년 경복궁 안에 조선총독부청사가 완공된 다음 해에 동문인 건춘문 북쪽으로 옮겨졌다. 경복궁 동쪽 담장에 건춘문과 광화문이 나란히 있게 된 것이다. 이건된 광화문은 1950년 6 · 25 전쟁 때 문루가 불에 타버리고 석축만 남아 있었다.

1968년, 중앙청 축에 맞추어 경복궁 중심축에서 3.75° 틀어지고, 동쪽

<광화문>

으로 조금 옮겨진 자리에, 콘크리트로 광화문이 재건되었다. 경복궁은 잘못 복원된 광화문과 구 총독부청사에 가려 아무것도 보이지 않았다. 2006년 12월부터 광화문 복원공사가 시작되어 콘크리트 광화문은 철거되고 새로운 광화문이 2010년 8월에 준공되었다.

다시 지어진 광화문의 세 칸의 홍예문 가운데 칸을 통하여 중심축 선상의 정전 근정전까지 보인다. 비록 1867년 중건 당시의 모습은 아니더라도 경복궁의 기본 구도는 회복된 것이다.

<불타버린 광화문>

<복원된 광화문>

근정전

근정전勤政殿은 경복궁의 정전으로 경복궁의 전각 중 가장 크고 화려하다. 경복궁의 중심이며 조선의 상징이라 할 수 있다. 1395년 경복궁 창건 때 처음 지어졌으나 임진왜란으로 소실되어 고종 4년(1867) 11월에 중건되어 오늘에 이르고 있다. 경복궁 남북 중심축의 시작점이라 할 수 있으며 광화문, 흥례문, 근정문 세 개의 문을 지나면 나타난다.

근정전은 회랑으로 둘러싸인 넓은 사각형 마당의 안쪽에 자리 잡고 있다. 회랑은 근정문 양쪽 옆부터 시작되며, 붉은 칠을 한 벽과 2열의 둥근 기둥으로 이루어져 있다. 근정전 앞의 넓은 마당이 국가의 큰 행사를 치르던 조정이다. 조정에는 크기가 일정하지 않고 표면이 울퉁불퉁한 박석이 깔려 있고, 중앙에는 왕과 산하의 길이 구분된 삼도가 있다. 삼도 좌우에는 1품부터 9품까지의 품계석이 세워져 있으며 동쪽이 문반, 서쪽이 무반으로 합하여 양반이다. 근정전 기둥과 조정 바닥에는 차일을 칠 때 쓰이는 끈을 묶어두던 쇠고리가 박혀 있다. 조정 전체가 경사가 져 있어 비가 오면 박석 사이로 빗물이 흘러나가는 구조다. 조정을 지나 하월대, 상월대 2단의 월대를 오르면 근정전이다. 월대 출입구와 난간에는 4방위신, 12지상, 해태 등의 돌조각이 있다.

<근정전 회랑>

근정전은 정면 5칸 측면 5칸, 겹처마 다포 양식의 팔작지붕으로 밖에서 보면 2층이지만 내부는 위아래가 트인 통층이다. 내부의 기둥과 공포는 목조건축의 진수를 보여주고 있으며, 단청이 화려하다. 내부 중앙 닫집 안에 어좌가 있고, 어좌 뒤에는 일월오봉도가 있다. 천장에는 발톱이 일곱인 쌍룡 조각이 있고, 바닥에는 전돌이 깔려 있으며, 의례에 필요한 물품들이 놓여 있다. 일제강점기에 근정전은 남쪽 앞에 세워진 총독부청사에 가려 있었지만 본래의 모습을 온전히 보존하고 있다.

<근정전>

<근정전 옥좌>

경회루

경회루慶會樓는 근정전 서북쪽에 남북 113m, 동서 128m의 사각형 인공연못의 동쪽 끝 섬 위에 세워진 사방이 트인 2층 누각 건물이다. 정면 7칸 측면 5칸, 겹처마 팔작지붕으로 조선에서 가장 큰 누각이다. 나라에 경사가 있을 때나 외국 사신이 왔을 때 연회를 개설하고, 왕이 백성과 관리를 위해 잔치를 베풀던 곳이다. 경회루 앞에서는 활쏘기대회가 열렸고, 무과시험이 치러졌으며, 가뭄에는 기우제를 지냈다.

1395년 경복궁 창건 당시 세워진 경회루는 서쪽 습지에 연못을 파고 세운 작은 누각이었다. 태종 12년(1412)에 연못을 크게 넓히고 용이 조각된 48개의 돌기둥을 세운 누각으로 다시 지었으나 임진왜란 때 불에 타 사라졌다. 1867년 11월에 중건되었으나 이때는 기둥에 용을 새기지 못했다. 연못 서남쪽에는 네모난 섬 두 개를 만들고 소나무를 심었다.

경회루 2층에 오르는 계단은 남쪽에 두 곳 있다. 2층의 마루는 높이를 3단계로 조금씩 달리하여 왕과 신하들의 자리를 구분하였다. 2층에서는 북악산, 남산, 인왕산이 모두 보이고, 동쪽으로는 경복궁의 전각들이 한눈에 들어온다. 추녀마루에는 잡상이 11개씩 놓여 있는데, 잡상이 11개 있는 전각은 경회루가 유일하다.

<경회루>

경회루는 기둥이 강조된 누각이다. 바깥쪽에는 네모기둥, 안쪽에 둥근 기둥으로 6×8=48 모두 48개의 기둥이 있다. 1층은 돌기둥 2층은 나무 기둥이며, 아래가 넓고 위가 좁은 민흘림기둥이다. 1층에서 올려다 보이는 2층 마루의 바닥은 우물천장으로 단청을 하였다. 세 개의 돌다리로 육지와 연결되며, 남쪽의 넓은 다리가 왕을 위한 다리다. 다리 난간에는 기이한 동물들의 석물을 배치하였다.

경회루의 건축 이론 및 구조는 <경회루전도>에 설명되어 있다. 경회루는 6×6=36궁의 원리 아래 건설되었고 팔괘 중 6은 물의 숫자다. 물 위에 지어진 누각이기 때문이다. 건축 원리로 천원지방, 음양설은 물론 바깥부터 24절기, 10간, 12지, 12개월, 팔괘, 삼재 등을 명시하고 있어 당시의 우주관과 인간관을 알 수 있다. 1997년 경회루 연못 준설 중에 청동으로 만든 용이 하나 출토되었다.

경회루는 많은 이야기를 간직하고 있다. 세종 때에는 몰래 경회루를 구경하던 말단 관리가 세종에게 들켰으나 능력을 인정받아 고속 승진했다는 이야기가 있고, 단종이 숙부 수양에게 선위할 때 옥새를 전한 장소가 경회루였으며, 연산군은 경회루에서 수시로 잔치를 벌여 국고를 탕진하므로 흥청망청이라는 단어가 생겼다고 한다.

<경회루 기둥>

수정전

수정전修政殿은 경회루 남쪽에 세워진 업무용 건물이다. 높고 넓은 월대 위에 정면 10칸 측면 4칸의 40칸으로 칸수로만 보면 근정전 25칸, 경회루 35칸보다 크지만 실제로는 두 건물보다 많이 작다. 월대의 규모와 칸수로 보아 특별한 건물이었음을 알 수 있다. 세종 때 한글 창제의 본산인 집현전이 이 자리에 있었고, 장영실 등이 만든 물시계 자격루를 놓았던 보루각이 여기 있었다. 원래의 수정전은 임진왜란 때 소실되었다.

<수정전>

<수정전 내부>

지금의 건물은 1867년에 중건되었으며 이때 수정전이라고 했다. 처음에는 고종의 편전으로 쓰였고, 1890년대 초에는 군국기무처, 1895년에는 내각의 청사로도 쓰였다. 중건 당시 수정전과 서문인 영추문 사이에는 2백여 칸의 궐내각사 전각들이 있었고, 궐내각사의 관리들은 영추문을 통해 출입했다. 궐내각사 전각들은 1910년 전후로 없어지기 시작하여 1915년 일제가 <시정5주년기념조선물산공진회>를 개최할 때에는 모두 사라지고 오직 수정전 하나만이 동쪽 끝에 남아 있었다.

<궐내각사 터>

<영추문>

사정전

사정전思政殿은 근정전 뒤 사정문 안쪽에 있는 편전이다. 편전이란 왕과 신하가 직접 대면하여 국사를 논의하고 학문을 연구하는 곳이다. 사정전이라는 이름은 천하의 이치는 생각하면 얻을 수 있고, 생각하지 않으면 잃는다는 뜻이다. 근정전 바로 뒤 경복궁의 중심축 위에 서 있어 정전 다음으로 중요한 건물이라 할 수 있다. 왕이 하루 중 가장 많은 시간을 보내는 곳으로, 실용적인 공간이므로 그다지 넓지 않다.

<사정전>

<사정전 내부>

1395년 경복궁 창건 당시 지어졌던 사정전은 임진왜란 때 소실되었고, 1867년에 중건되어 현재에 이르고 있다. 정면 5칸 측면 3칸, 다포양식의 팔작지붕이다. 사정전 동쪽에 만춘전, 서쪽에 천추전이 있다. 사정전에 온돌이 없으므로 봄에는 만춘전, 가을과 겨울에는 천추전으로 옮겨 정무를 보았다. 태조 건립 당시에는 세 건물이 행랑으로 연결되어 있었으나 고종이 중건할 때에는 각기 독립된 건물로 지어졌다. 만춘전과 천추전은 6 · 25 전쟁 때 소실되어 1995년에 복원되었다.

<만춘전>

<천추전>

강녕전

강녕전康寧殿은 왕의 침전이다. 침전이란 일상생활을 하고 식사를 하고 취침을 하는 곳이다. 사정전 바로 뒤 역시 경복궁 중심축 위에 있으며 대전이라고도 한다. 중앙에 대청이 있고 좌우로 온돌방이 있는 일자 건물이다. 이름은 <서경> '홍범구주'의 오복 중에서 세 번째인 강녕에서 따왔다. 왕실 가족을 위한 작은 연회를 열기도 했고, 월대를 중심으로 임시무대를 설치하여 궁중가무 등을 관람하기도 하였다.

1395년 경복궁 창건 때 지어져 세종 15년(1433)에 보수했고, 명종 8년(1553)에 소실되어 이듬해 중건했으나 임진왜란 때 소실되었다. 1865년 경복궁 중건 때 다시 지어졌다. 정면 11칸 측면 5칸, 겹처마 이익공 무량각 지붕이다. 무량각이란 용마루가 없는 건물로 용으로 상징되는 왕의 침전에 용마루를 올릴 수 없기 때문이라고도 하고, 눈에 잘 뜨이게 하기 위해서라고도 한다. 4단의 기단 위에 세워졌으며, 정면 중앙의 3칸은 대청이고 양쪽의 3칸은 온돌이며 좌우 끝의 1칸은 누마루다.

1896년 아관파천 이후 경복궁은 오랫동안 비어 있어 건물들은 낡아가고 궁궐은 황폐해졌다. 1917년 11월에 창덕궁 내전에 큰불이 나자 일제는 이를 복구한다는 구실로 경복궁 내전 전각 대부분을 헐어 창덕궁 재건축 자재로 썼다. 강녕전은 헐려서 창덕궁 희정당의 자재로 쓰였고 강녕전이 있던 빈자리에는 주춧돌마저 남아 있지 않았다.

<강녕전>

현재의 강녕전은 1995년 12월에 새로운 자재로 다시 지어진 것이다. 강녕전 동쪽의 온돌방은 침실이고, 서쪽의 온돌방은 식사를 하는 방이다. 강녕전 침실은 3×3=9개의 작은 방으로 나뉘어 있고, 가운데 방이 왕의 침소였으며 안전을 위해 방안의 가구는 단출하다. 왕은 밤에 이곳보다 왕비전이나 후궁 처소에서 머무는 날이 더 많았으며, 왕이 어디에서 취침하는지는 극소수의 사람들만 알고 있었다. 강녕전이 복원될 때 동쪽에 연생전, 서쪽에 경성전 2개의 침전이 함께 건립되었다.

<복원된 강녕전>

<강녕전 내부>

교태전

교태전交泰殿은 왕비의 침전으로 강녕전 바로 다음에 있다. 경복궁의 중심축 위에 있으며 중심축의 마지막 건물로 중궁전 또는 중전이라고도 했다. 이름은 <주역>의 64괘 중 '지천태'에서 따왔으며 음양이 화합한다는 뜻을 지니고 있다. 교태전은 왕비의 침전이면서 내외명부를 총괄하는 왕비의 업무 장소였다. 왕비는 12~16세에 가례를 올렸으며, 조선의 모든 내외명부 여인들의 지존이었다.

경복궁 창건 당시에는 없었으나 세종 25년(1443)에 증축했다는 기록이 있다. 명종 8년(1553)에 불에 타 이듬해에 중건되었으나 임진왜란으로 소실되었다. 1865년에 중건되었으나 1876년에 불타 1888년에 재건되었다. 경복궁의 전각 중에서 가장 섬세하게 지어졌다.

정면 9칸 측면 5칸, 4단의 기단 위에 있으며 강녕전과 거의 같은 형태나 조금 작다. 역시 용마루가 없는 무량각 건물로 월대는 설치하지 않았다. 교태전 주위로 상궁들이 거처하는 행각이 둘러싸고 있으며 상궁들의 품계에 따라 외양이 조금씩 다르다.

교태전 역시 비어 있었다. 1917년에 창덕궁 내전이 불에 타자 교태전을 헐어 창덕궁 대조전 재건축 자재로 사용됨으로 경복궁의 강녕전과 교태전은 각기 창덕궁의 희정당과 대조전으로 이전되었다. 지금의 교태전은 1995년에 강녕전과 함께 다시 지어진 전각이다.

<교태전>

교태전 뒤뜰에는 경회루를 지을 때 연못에서 파낸 흙으로 쌓은 아미산이라는 작은 인공동산이 있다. 백두산에서 시작된 백두대간이 남쪽으로 내려오다가 금강산 위에서 한북정맥이란 줄기 하나가 뻗어 나오고, 한북정맥 끝자락에 북한산이 있고, 북한산에서 다시 가지 하나가 뻗어 나니 이것이 북악산이다. 북악산의 마지막 끝가지가 아미산이고, 아미산에 핀 꽃이 교태전이라고 한다. 백두산부터 교태전까지 조선의 혈맥이 이어진다는 것이다. 아미산은 괴석, 굴뚝 등으로 장식되어 있다.

<복원된 교태전>

<교태전 아미산>

자경전

자경전慈慶殿은 교태전 동북쪽 경복궁 내전의 가장 안쪽에 자리 잡고 있는 침전이다. 1867년 경복궁을 중건할 때 자미당 자리에 지어졌으며, 이때 비어 있던 창경궁의 자경전을 헐어 그 자재로 건축했다. 1873년에 소실되어 3년 후 다시 지었으나 또 불에 타 1888년에 세워진 건물이 지금까지 남아 있어 경복궁에 유일하게 남아 있는 조선의 침전이다.

정면 10칸 측면 4칸, 겹처마 이익공 단층 팔작지붕이다. 중앙에 넓은 대청을 두고 양쪽으로 큰 온돌방을 둔 침전의 기본 형식을 갖추고 있다. 자경전을 중심으로 누마루인 청연루와 협경당, 복안당이 하나로 연결되어 있고, 앞마당의 동, 남, 서 방향에는 행각이 마당을 둘러싸고 있으며, 남쪽 대문의 이름은 만세문이다.

자경전은 고종이 신정왕후 조대비(1808~1890)를 위해 지어드린 전각이다. 조대비는 효명세자의 부인으로 아들 헌종이 즉위하자 효명세자는 익종으로, 부인은 대비로 추존되었다. 조대비는 고종을 양자로 삼아 즉위시킨 왕실의 어른이었다. 효명세자는 22세로 요절하였고, 신정왕후 조대비는 83세까지 장수하였으며 순조, 헌종, 철종, 고종 네 명의 왕의 시대를 살았다.

<자경전>

자경전 서쪽 담장에는 다른 전각에서 볼 수 없는 꽃과 나비, 나무와 열매 등 다양한 그림과 문자 문양이 새겨져 있다. 붉은 벽돌로 만든 담장은 지는 햇빛을 받을 때는 더욱 붉게 보인다.

자경전 뒤편 북쪽 담장에는 독특한 모양의 굴뚝이 있다. 굴뚝은 담장에서 한단 앞으로 나와 있으며 담장의 일부처럼 보인다. 왕실 가족의 장수와 건강을 기원하는 십장생 무늬와 당초문, 박쥐문을 새겨 넣었고, 아래에는 두 마리의 서수가 잡귀를 쫓고 있다,

<자경전 서측 담장>

<자경전 굴뚝>

건청궁

건청궁乾淸宮은 경복궁의 가장 안쪽 북쪽 끝에 지어진 경복궁 안의 별도의 생활공간이다. 고종은 즉위 10년 후인 1873년 11월에 친정을 선포하고, 내탕금을 들여 건청궁을 건립하였다. 대원군으로부터 독립하여 국정을 직접 운영하고자 하는 의지의 표현이었다.

건청궁은 고종의 침전인 장안당, 명성황후의 침전인 곤녕합, 부속건물인 복수당 등으로 구성되어 있으며 궁궐 전각이라기보다 사대부 가옥 형태를 갖추고 있다. 1884년 10월 갑신정변으로 개화파에 의해 창덕궁에 머물던 고종은 갑신정변이 실패로 끝난 후, 다음 해 1월부터 이곳으로 이어하여 생활하며 정무를 보았다. 1887년 이곳에 조선 최초로 전기가 가설되었다.

고종이 건청궁으로 거처를 옮긴 지 10년 후인 1895년 10월, 일본인들이 곤녕합에 난입하여 옥호루에서 명성황후를 시해하고, 시신을 건청궁 동쪽 옆의 작은 언덕 녹산에서 불태우니 이 사건을 을미사변이라 한다. 신변이 위험해진 고종은 다음 해 2월 러시아 공사관으로 이어하니 아관파천이다. 아관파천 이후 고종은 다시 건청궁으로 돌아오지 못 했다.

<곤녕합 옥호루>

1909년에 건청궁은 일제에 의해 전부 헐렸다. 1939년 5월에 일제는 30년 간 빈터로 있던 건청궁 자리에 조선총독부미술관을 지었다. 공사를 시작하기 전에 많은 인사들이 참석하여 지진제를 지냈다. 총독부미술관은 조선미술전람회장 등으로 사용되었다. 광복 후 총독부미술관은 경복궁미술관으로 개칭되었고, 이후 대한민국미술전람회장, 한국민속박물관, 전승공예관 등으로 사용되다가 1998년에 철거되었다. 2007년 10월에 건청궁 복원이 완료되어 일반에 공개되고 있다.

<건청궁 터 지진제>

<복원된 건청궁>

향원정香遠亭은 건청궁 남쪽에 있는 연못 향원지 중앙엉에 지어진 온돌을 갖춘 정자다. 건청궁에서 향원정으로 건너가는 다리 이름은 취향교며, 뒤에 보이는 산은 언제나 경복궁을 굽어보는 인왕산이다.

집옥재集玉齋는 향원지 서북쪽에 자리한 고종의 서재 겸 접견실이다. 당시 유행하던 중국풍 전각으로 1888년에 창덕궁에 있던 것을 옮겨와 지었다. 팔우정, 집옥재, 협길당 세 개의 다른 형태의 전각이 나란히 서 있고 모두 복도로 연결되어 있다.

<향원정>

<집옥재>

신무문神武門은 경복궁의 북문이며 경복궁의 끝이다. 세종 15년(1433)에 처음 세워졌으나 임진왜란에 소실되어 1868년에 중건되었다.

신무문 밖은 고려 남경의 별궁이 있던 자리로 추정되며, 조선 세종 때부터 경복궁의 후원으로 사용되었으나 임진왜란 이후 폐허가 되었다. 경복궁을 중건하면서 이곳을 북원이라 하고 융문당, 융무당, 중일각, 오운각 등을 건립했으나 일제강점기에 전각들은 다 사라지고 총독 관저가 들어섰다. 광복 후 총독 관저는 폐기되고 청와대가 들어섰다.

<신무문 밖>

<신무문>

3) 창덕궁

태조 이성계는 1392년 7월 개성에서 새로운 나라 조선을 건국하였다. 1394년 10월에 수도를 한양으로 옮기고, 다음 해 9월에 경복궁을 완공하였다. 아직 건국 초기여서 국가가 불안정한 가운데 1398년 8월에 왕위 계승문제로 경복궁에서 1차 왕자의 난이 일어났다. 태조는 정종에게 선위하고, 정종은 이듬해 3월 개성으로 천도했다. 1400년 1월 개성에서 2차 왕자의 난이 일어나자, 그 해 11월에 정종은 태종에게 선위했다. 태종은 1404년 10월 경복궁 동쪽 향교동에 창덕궁 건설을 시작하여 다음 해 10월에 내전 118칸, 외전 74칸을 완공했다. 태종은 그 달 한양으로 다시 천도하고 새로 지은 창덕궁으로 입궐했다.

창덕궁은 경복궁과 달리 주요 전각들이 중심축 선상에 있지 않고 자연 지형의 굴곡과 고저에 따라 자유롭게 배치되었다. 1462년에는 북쪽의 언덕들을 후원으로 편입시켜 전체 규모가 크게 확장되었다. 창덕궁은 언덕이 많고 대지가 넓지 않아 남쪽에 외전과 궐내각사를 짓다 보니 내전으로 쓸 공간이 부족했다. 1484년에 동쪽에 창경궁을 새로 건립하여 생활공간을 크게 넓혔다. 창덕궁과 창경궁을 합하여 동궐이라 했다.

<창덕궁>

1592년 4월 임진왜란이 일어나자 선조는 급히 의주로 몽진을 떠났다. 일본군은 한양을 점령하고 경복궁은 물론 창덕궁, 창경궁을 모두 불태워버렸다. 다음 해 서울로 돌아온 선조는 들어갈 궁궐이 없어 경운궁에 임시 머물렀다.

중건할 궁궐은 경복궁이 아닌 창덕궁으로 결정되었다. 1607년에 착공하여 1610년에 완료되었으나 광해군은 계속 경운궁에 머물다가 1615년 4월에 완전히 창덕궁으로 들어갔다. 1623년에 인조반정이 일어나고 다음 해 이괄의 난으로 창덕궁이 크게 파손되었으나 1636년의 병자호란으로 복구가 지연되다가 1647년에 복구가 완료되었다. 이후 창덕궁은 1867년에 경복궁이 중건될 때까지 2백여 년 간 조선의 법궁으로 국가의 중심이 되었다.

경복궁 중건이 완료되자 경복궁이 다시 법궁이 되고 창덕궁은 이궁으로 돌아갔다. 1907년 7월, 일본의 강압에 의해 고종은 순종에게 선위하고, 순종은 11월에 경운궁에서 창덕궁으로 이어했다. 3년 후, 1910년 8월에 창덕궁 대조전에서 <한일병합조약>이 이루어지니 조선은 국가로서 종말을 고하였다. 1926년 4월 순종이 대조전에서 승하하자, 일제는 창덕궁을 공원화하고 일반에게 공개했다.

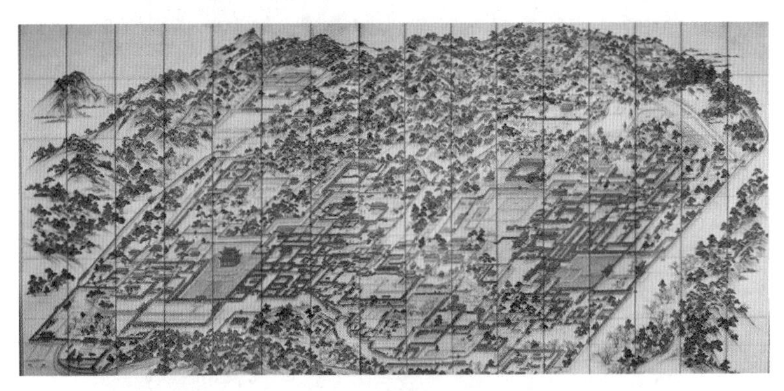

<동궐도>

창덕궁과 창경궁을 함께 그린 그림으로 16권 화첩으로 되어 있고 각 첩은 6면이다. 펼치면 전체 크기가 576㎝×273㎝이다. 1824~1830년 사이에 그려졌다.

1945년 8월 광복을 맞이할 당시, 다른 궁궐들은 전각의 잔존 비율이 10% 이하인데 비하여 창덕궁은 대략 20%쯤 남아 있었다. 후원의 전각과 정자들이 대부분 남아 있었기 때문이다. 다른 궁궐과 마찬가지로 창덕궁도 한동안 방치되어 있다가, 1990년 이후에 대규모 보수와 복원이 진행되었다.

창덕궁은 크게 창덕궁 권역과 후원으로 나눌 수 있고, 대략 창덕궁이 1/5, 후원이 4/5로 전체 면적은 550,916㎡(약 17만 평)다. 1997년에 창덕궁과 후원은 유네스코 세계문화유산에 등재되었다.

<무신년의 궁중잔치> - 헌종 14년(1848) 창덕궁 인정전 -

돈화문

돈화문敦化門은 창덕궁의 정문으로 궁궐 중앙이 아닌 서남쪽 모서리에 남향으로 세워졌다. 남북의 거리가 짧고, 앞쪽 중앙에는 종묘가 있기 때문으로 보인다. 태종 12년(1412)에 건립되었으나 임진왜란에 불탔고, 광해군 1년(1609)에 중건되어 현재에 이르러 궁궐 정문 중 가장 오래 된 문이다. 돈화문의 열려 있는 세 칸 중, 가운데 칸을 통해 멀리 북한산 보현봉이 보인다. 보현봉은 조선의 주맥이라고 불리던 봉우리다.

<돈화문>

<북한산 보현봉>

돈화문은 정면 5칸 측면 2칸, 다포계 2층 우진각지붕이다. 궁궐의 정문은 모두 정면 3칸이나 돈화문만 5칸이다. 이궁의 정문이므로 석축은 쌓을 수 없고 대신 5칸으로 하였다 한다. 5칸 중 양끝의 두 칸은 벽으로 막았다. 2층에서는 목조 건축물의 내부 구조를 자세히 볼 수 있다.

돈화문 안쪽으로 들어서면 8그루의 오래된 회화나무가 양쪽으로 서 있다. 회화나무는 높은 품격을 나타내고 잡귀를 몰아낸다고 한다. 한 그루는 몇 년 전에 벼락을 맞고 쓰러져 죽은 듯했으나 다시 살아났다.

<돈화문 2층>

<돈화문 안쪽 회화나무>

금천교

창덕궁 금천교錦川橋는 다른 궁궐의 금천교禁川橋와 발음은 같으나 한자가 다르다. 돈화문을 들어서 회화나무를 지나 오른쪽에 있다. 금천교를 건너 진선문을 지나야 궁궐의 안쪽에 이른다. 금천교는 창덕궁 창건 6년 후인 태종 11년(1411)에 축조되어 현재에 이르고 있어 궁궐의 금천교 중 가장 오래되었다. 길이 12.9m, 폭 12.5m로 정사각형에 가깝고, 다리 상부 중앙의 왕의 통로가 유난히 넓다.

<금천교와 진선문>

<금천교>

궐내각사

궐내각사闕內各司는 왕을 가까이에서 보좌하기 위해 궁궐 안에 설치된 관청들이다. 창덕궁 서쪽의 금천을 사이에 두고 동서로 나뉘어 있다. 동편에 약방, 홍문관, 예문관이 있고, 서편에 규장각, 봉모당, 대유재, 소유재 등이 있다. 좁은 공간에 전각들이 모여 있어 담과 문이 많고 길은 미로처럼 복잡하다. 일제강점기에 모든 전각들이 사라지고 나무 몇 그루만 남아 있었으며, 현재의 전각들은 2000년 이후에 복원된 것들이다.

<복원된 궐내각사>

<규장각>

선원전

선원전璿源殿은 왕실의 족보인 선원록과 왕의 초상화인 어진을 봉안하는 곳으로 경복궁에 있었으나 임진왜란에 소실된 후 재건하지 못하였다. 숙종 21년(1695)에 창덕궁의 춘휘전을 선원전으로 이름을 바꾼 것이 지금의 선원전이다. 선왕들의 어진을 모신 신성한 곳으로 구조가 간결하고 장식이 없다. 정면 7칸 측면 2칸, 익공계 팔작지붕이다.

1713년에 숙종의 어진을 보관했고, 순조 때 영조와 정조, 헌종 때 순조와 익종, 철종 때 헌종, 고종 때 1칸을 더 늘려 모두 7칸이 되었다. 1907년 외방의 경기전과 준원전의 어진을 제외한 영희전, 장녕전 등에 봉안되어 있던 어진을 모두 창덕궁 선원전으로 옮겨왔다.

1921년, 일제는 창덕궁 후원의 대보단을 폐기하고 그 자리에 일본식으로 선원전을 새로 지어 어진들을 옮겼다. 대보단은 임진왜란 때 조선에 원군을 보낸 명 신종의 제사를 지내던 곳이다. 새로 지은 선원전을 신선원전이라 한다. 신선원전에는 태조 등 12대의 어진과 복제본 등 모두 48점이 봉안되어 있었으나, 한국전쟁 때 부산으로 옮겼다가 대부분 소실되었다. 남은 어진 중에서 왕의 얼굴을 볼 수 있는 어진은 영조와 철종뿐이다. 현재 선원전과 신선원전은 모두 비어 있다.

<선원전>

인정전

인정전仁政殿은 창덕궁의 정전이다. 태종 5년(1405) 창덕궁을 창건할 때는 3칸의 작은 전각이었으나 1418년에 다시 크게 지었다. 임진왜란 때 소실되어 광해군 1년(1607)에 중건하였으나, 순조 3년(1803)에 또 소실되어 이듬해에 중건했고, 철종 7년(1856)에 크게 보수한 모습이 현재에 이르고 있다.

2단의 난간 없는 월대 위에 세워진 정면 5칸 측면 4칸, 겹처마 다포 양식의 팔작지붕이다. 밖에서 보면 중층이나 내부는 통층으로 위아래가 트였고 기둥은 모두 원기둥이다. 구조와 외양이 건실하며 우아함과 정교함을 갖추고 있다. 임진왜란 이후 경복궁 근정전이 중건될 때까지 조선을 대표하는 전각이었으며, 경복궁의 근정전을 중건할 때 인정전을 모범으로 삼았다고 한다.

남쪽의 인정문 양 옆부터 시작된 회랑이 인정전을 둘러싸고 있다. 일제강점기에 조정의 박석이 치워지고 잔디와 작은 꽃나무가 심어졌다가 1990년 이후에 다시 박석이 깔리고 품계석이 세워졌다. 인정전 뒤편은 바로 후원이며, 산이나 전각이 없어 시야가 트여 경복궁 근정전과는 다른 분위기를 보여주고 있다.

<인정전>

대한제국 무렵부터 서양 문물이 도입되어 인정전의 외양에 변화가 나타나기 시작했다. 지붕 용마루 양성에는 대한제국 황실의 문장인 오얏꽃 문양이 다섯 개 박혔고, 내부에 전등이 가설되고, 창문에는 황제의 색깔인 노란색 커튼이 쳐졌으며, 일제강점기에 바닥은 마루로 바뀌었다.

창덕궁은 인정전을 중심으로 서쪽에 궐내각사, 동쪽에 편전 등 외전의 주요 건물들이 옆으로 가깝게 펼쳐져 있어, 외전 권역이 하나인 듯한 안정감과 일체감을 주고 있다.

<인정전 옥좌>

<인정전 천장>

선정전

선정전宣政殿은 창덕궁의 편전이다. 인정전 동쪽에 행랑으로 둘러싸여 남향으로 서 있다. 태종 5년(1405)에 처음 지어져 조계청이라 했으나 1461년에 선정전으로 이름이 바뀌었다. 임진왜란으로 소실되어 광해군 1년(1609)에 다시 지었으나, 인조반정으로 또 소실되어 인조 25년(1647)에 다시 지어 현재에 이르고 있다. 정면 3칸 측면 3칸, 다포 양식에 팔작지붕이며, 창덕궁의 전각 중에서 유일하게 청기와를 올렸다.

<선정전>

<선정전 내부>

희정당

희정당熙政堂은 창덕궁의 편전으로 선정전의 동쪽, 대조전 남쪽에 위치하고 있다. 창건 연대는 확실하지 않으나, 연산군 2년(1496)에 수문당이 소실되어 재건할 때 이름이 희정당으로 바뀌었다. 임진왜란에 소실되어 1609년에 다시 지어졌고, 인조반정 때 또 소실되어 1647년에 재건되었고, 1833년에 또 소실되어 다음 해 재건되었다. 원래는 내전에 속한 침전이었으나 순조 이후에는 선정전 대신 편전으로 사용되었다.

일제강점기인 1917년 창덕궁에 큰 화재가 일어나 내전이 모두 소실되었다. 일제는 창덕궁을 재건한다는 구실로 경복궁의 강녕전을 헐어 그 자재로 타버린 희정당을 다시 지으려 했으나 1919년 1월에 고종이 승하하고, 3 · 1 운동이 일어나 재건이 연기되다가 1920년에 중건되었다. 자리는 희정당 자리인데 강녕전을 헐어 지은 전각이므로, 희정당인지 강녕전인지 혼란스럽게 되었다.

정면 11칸 측면 4칸, 겹처마 이익공 팔작지붕으로 중앙의 정면 9칸 측면 3칸은 거실과 응접실로 하고 주위는 통로로 사용되었다. 남, 동, 서 3방향이 모두 행각으로 둘러싸여 중정이 있으며 좌우 행각은 침전인 대조전까지 연결되어 있다.

<희정당>

희정당은 재건되면서 내부가 서양식으로 바뀌었다. 중앙의 응접실에는 카펫이 깔리고, 탁자와 의자가 놓였으며, 유리 창문으로 바뀌고, 벽에는 서양화가 걸리고, 전등이 가설되었다.

희정당 남행각 정면에는 전통 건물에서 볼 수 없는 양식의 현관이 있고, 자동차가 정차할 수 있도록 시설이 되어 있다. 순종은 아침마다 이 현관에서 자동차를 타고 덕수궁에 있는 고종에게 문안 인사를 드리러 갔다고 한다.

<희정당 내부>

<희정당 남행각>

대조전

대조전大造殿은 창덕궁 내전의 중심으로 왕과 왕비의 침전이다. 궁궐 밖에서 대조전까지 가려면 돈화문과 진선문 등 적어도 다섯 개의 문을 통과해야 한다. 높고 가파른 계단 위에 자리 잡고 있다. 창건 연대는 확실하지 않고 연산군 2년(1496)에 중수했다는 기록이 있다. 임진왜란 때 소실되어 1609년에 다시 지었다. 인조반정에 불타 1647년에 다시 지었으며, 1833년 또 소실되어 이듬해 재건되었다.

1910년 8월 22일, 대조전의 동편 부속 전각인 흥복헌에서 조선의 마지막 어전회의가 열렸다. 조선 총리대신과 일본 통감의 이름으로 체결된 한일합방문서를 최종적으로 국왕의 재가를 얻고자 하는 자리였다. 순종은 서명하지 않았고, 강압에 의한 것이었기 때문에 조약으로 성립이 되지 않는 문서였다. 이 문서는 일주일 간 공개되지 않다가 8월 29일에 공표되었으며 공표와 동시에 효력이 발효되었다. 그 날이 국치일이고 조선은 국가로서 수명을 다했으며 일제강점기가 시작되었다.

대조전은 1917년 이후 희정당과 같은 운명을 겪었다. 불에 타 사라진 것을 경복궁의 교태전을 헐어 가져와 1920년 완공하여 오늘에 이르고 있다. 정면 9칸 측면 4칸, 용마루를 두지 않은 무량각 이익공 팔작지붕

<대조전>

이고 앞에는 크지 않은 월대가 있다. 중앙의 정면 3칸 측면 2칸은 통칸으로 하여 거실로 삼았으며, 거실에는 서양식 가구를 갖추고 전등을 가설하고 벽에는 그림을 걸었다. 거실의 동서 양쪽에 각 정면 2칸 측면 2칸을 통칸으로 하여 왕과 왕비의 침실로 구성했다. 1926년 4월 25일 순종은 이곳에서 승하하였다. 대조전 뒤뜰에는 화계가 있고, 화계 위의 담장 너머는 바로 후원이다.

<대조전 내부>

<대조전 뒤뜰>

낙선재

낙선재樂善齋는 창덕궁 동남쪽에 있는 주거공간으로 석복헌, 수강재와 나란히 있다. 1847년 헌종의 개인서재로 건립되었으며, 궁궐 전각이 아닌 사대부 가옥 형태로 단청은 하지 않았다. 정면 6칸 측면 2칸, 팔작지붕에 누마루가 있으며, 섬세하게 지어진 단아한 전각이다.

1963년 일본에서 귀국한 영친왕 부처는 이곳에서 생활하다가 영친왕은 1970년 74세, 부인 이방자 여사는 1989년에 90세로 생을 마감했다.

<낙선재>

<낙선재 뒤뜰>

석복헌錫福軒은 낙선재 동쪽 바로 옆에 있다. 헌종은 경빈 김씨가 계비로 간택되기를 원했으나 효정왕후가 간택되었다. 헌종은 1847년 10월 경빈 김씨를 궁에 들였고, 다음 해에 석복헌을 짓고 경빈의 거처로 삼았다. 그러나 헌종은 다음 해 23세의 젊은 나이로 승하했다. 경빈은 사가로 나가 살다가 1907년 76세에 세상을 떠났다.

1926년 4월 순종 승하 이후에 순종비 순정효황후가 이곳에서 살다가 1966년 2월에 73세를 일기로 세상을 떠났다.

<석복헌>

<석복헌 뒤뜰>

수강재壽康齋는 정조 9년(1785)에 처음 지어져 효명세자의 별당으로 사용되었다. 헌종 14년(1848)에 헌종의 할머니인 순조비 순원왕후의 거처로 중수되었다. 고종의 고명딸인 덕혜옹주가 1962년 일본에서 돌아와 이곳에서 살다가 1989년 4월 78세로 생을 마감했다.

덕혜옹주가 세상을 떠나고 9일 만에 이방자 여사도 떠났다. 그 후 1만 5천㎡의 낙선재 일원에 대한 정비가 시작되었고, 2006년부터 일반에 공개되고 있다. 낙선재 일원의 대문은 장락문이다.

<수강재>

<장락문>

창덕궁 후원

창덕궁 후원後苑은 창덕궁 북쪽의 45만여㎡에 이르는 큰 규모의 왕실 정원이다. 비원이라고도 하는 이곳은 왕과 왕실 가족이 공부를 하고 산책을 하며 때로는 사냥을 하고 제사를 올리고 연회를 열기도 하던 곳이다. 지금은 담으로 막혀 있지만 본래는 창경궁과 함께 사용했다.

태종 때부터 조성되기 시작하였고, 세조 8년(1462)에는 동쪽 담장을 넓히고 백성을 이주시키면서 연못을 파고 땅을 고르는 등 본격적으로 후원을 조성하였다. 인조는 청의정 등의 정자를 지었고, 바위에 옥류천이라는 글자를 새겨 놓았다. 숙종은 영화당과 애련지 주변을 꾸미고 애련정 등 정자를 세웠다. 순조 때 지은 건축물로는 의두각, 기오헌, 연경당, 농수정 등이 있다. 조선말과 일제 초에 지어진 정자로는 승재정과 관람정 등이 있다.

비원이란 명칭은 1903년에 처음 보인다. 일반인이 접근할 수 없는 곳이라는 뜻으로 쓰였으나, 실제로는 많은 사람들이 출입하였다. 후원의 자연과 전각과 정자들은 일제에 의한 훼손이 거의 없이 본래 모습을 간직하고 있다. 일제의 무관심과 가치관 차이로 파괴에서 벗어날 수 있었던 것으로 보인다.

<창덕궁 후원>

부용지芙蓉池 일원은 후원에서 가장 먼저 만나게 되는 곳이다. 동서 34m, 남북 29m의 네모난 연못으로, 중앙에 소나무를 심은 동그란 섬이 있고, 남쪽 면에는 기둥 두 개가 연못에 담겨 있는 부용정이 있다.

주합루宙合樓는 부용정 건너편 경사진 언덕 화계 위에 있는 2층 누각이다. 정조 즉위년(1776)에 건립되어 아래층은 수만 권의 서적을 보관하는 서고로 규장각, 위층은 열람실로 주합루라 하였다. 이곳은 너무 외져 1781년에 규장각을 돈화문 앞 궐내각사로 이전했다.

<부용지>

<주합루>

영화당暎花堂은 부용지 서쪽에 동향으로 서 있는 전각이다. 광해군 때 처음 지어졌고 숙종 18년(1692)에 재건하여 오늘에 이르고 있어 이 일대에서 가장 오래 된 전각이다. 현판은 영조의 친필이다. 뒤편의 넓은 마당은 행사를 열고, 과거시험을 치르던 춘당대다.

애련지愛蓮池는 불로문을 지나면 나타나는 섬이 없는 사각형 연못이다. 숙종은 특히 이곳을 좋아하였으며, 애련지 북쪽 면에 아담한 정자 애련정을 지었다.

<영화당>

<애련지>

연경당演慶堂은 1827년 효명세자가 순조에게 존호를 올리는 의식을 위해 후원 깊은 곳에 지은 사대부집 형태의 가옥이다. 사랑채, 안채, 행랑채, 정자 등을 두루 갖추었다. 효명세자는 이곳에서 미래를 구상했지만, 22세로 일찍 세상을 떠났다.

연경당 대문은 장락문으로 낙선재 대문과 이름이 같다. 장락문 앞 괴석을 담은 석분의 네 귀퉁이에는 작은 두꺼비들이 조각되어 있다. 작은 부분에까지 세심하게 신경을 쓴 연경당이다.

<연경당 사랑채>

<연경당 안채>

관람정觀纜亭은 앞면의 지붕이 부채꼴 모양인 독특한 형태의 정자다. 여섯 개의 기둥이 있고, 뒷면 두 개의 추녀마루가 앞면과 만나 용마루를 이루고 있다. 관람지 또는 한반도 모양이라 해서 반도지라고도 하는 연못을 끼고 있고, 주변에 폄우사, 청심정, 승재정 등의 정자가 있다.

존덕정尊德亭은 존덕지를 끼고 있는 육각형 정자로 지붕은 2층이고, 24개의 기둥이 지붕을 받쳐주고 있다. 정조 친필의 <만천명월주인옹자서萬川明月主人翁自序>라고 쓴 현판이 걸려 있다.

<관람정>

<존덕정>

옥류천玉流川은 후원의 북쪽 끝 가장 깊숙한 곳에 흐르는 작은 물줄기로, 물줄기가 시작되는 곳에 소요암이라는 바위가 하나 있다. 인조는 소요암에 <玉流川>이라는 세 글자를 새겼고, 숙종은 시를 한 수 새겼다. 주위에 소요정, 취한정, 청의정, 태극정, 농산정 등의 정자가 있다.

청의정은 초가 정자로 앞의 작은 논에서 왕이 농사를 지었고, 여기서 나온 볏짚으로 청의정의 지붕을 이었다고 한다.

<옥류천과 소요암>

<청의정>

4) 창경궁

창경궁昌慶宮은 성종 15년(1484)에 당시 살아 계시던 세 분의 대비, 할머니 세조비 정희왕후, 어머니 덕종비 소혜왕후, 작은어머니 예종비 안순왕후를 모시기 위해 옛 수강궁 터에 새로 지은 궁궐이다. 수강궁은 세종 즉위년(1418)에 상왕으로 물러난 태종을 위해 마련된 궁이다.

창경궁은 남향인 다른 궁궐과 달리 동향으로 지어졌다. 남쪽으로는 종묘가 있어 남향을 할 수 없었다. 동쪽 앞으로 작은 언덕이 있고 언덕 너머에 약간의 평지가 있으며 그 뒤로 내사산의 동쪽 산인 낙산이 있다. 서쪽은 담 하나 사이로 창덕궁과 맞닿아 있고, 북쪽으로는 창덕궁과 함께 사용하는 후원이 있다.

창경궁은 독립적인 궁궐로서의 형태와 규모를 갖추고 있지만, 왕이 정무를 보는 궁궐이라기보다는 창덕궁의 부족한 주거 공간을 보완해주는 역할을 하였다. 외전은 빈약했고 내전은 여유가 있는 편이었다.

1592년 임진왜란으로 창경궁의 모든 전각이 소실되어 광해군 8년(1616)에 중건되었다. 1624년 이괄의 난으로 일부가 불타 인왕산 아래 건설하다 중단된 인경궁을 헐어 1633년에 재건하였다. 순조 30년(1830)의 대

<창경궁>

화재로 내전이 크게 소실되어 순조 34년에 다시 지었다.

1907년 순종이 즉위하고 경운궁에서 창덕궁으로 이어하자, 일제는 순종을 위로한다는 명목으로 1909년 11월 창경궁의 많은 전각들을 헐어 동물원과 식물원을 개원하고 일반에게 개방하였다. 1911년 4월에는 이름마저 창경원으로 바꾸고 벚꽃나무 수백 그루를 심었다. 1912년에는 창경궁과 종묘 사이에 도로를 신설하여 두 권역을 단절시켰다.

일제의 의도대로 창경원의 벚꽃놀이와 동물원, 식물원은 전 국민의 사랑을 받으며 본래의 정체성은 상실되었다. 일제강점기에 각종 행사와 건물 신축 등으로 더욱 훼손되었다. 해방이 되고, 6 · 25 전쟁 이후에도 창경원은 일제강점기의 모습 그대로였으며, 오락시설은 오히려 증가하였다. 이러한 모습은 1980년대 초반까지도 계속되었다.

1983년 동물원을 과천의 서울대공원으로 옮기고, 12월에 창경궁이라는 본래의 이름으로 돌아왔다. 1985년부터 복원공사가 시작되어 다음 해 8월에 완료되었다. 원래는 많은 전각들이 있었으나 동물우리와 오락시설들이 설치되었던 그 자리에는 지금 나무와 잔디뿐이다.

1. 홍화문. 2. 옥천교. 3. 명정문. 4. 명정전. 5. 문정전. 6. 숭문당. 7. 빈양문. 8. 함인정. 9. 경춘전. 10. 환경전. 11. 통명전. 12. 양화당. 13. 집복헌. 14. 풍기대. 15. 성종 태실. 16. 춘당지. 17. 팔각칠층석탑. 18. 대온실. 19. 관덕정. 20. 관천대. 21. 선인문.

<창경궁 배치도>

홍화문弘化門은 창경궁의 정문으로 동향이다. 1484년에 건립되었으나 임진왜란으로 불타 1616년에 재건되어 오늘에 이르고 있다. 창덕궁의 돈화문보다 7년 늦게 지어졌으나 역시 오래된 문이다. 정면 3칸 측면 2칸, 2층 우진각지붕으로 구조가 견실하고 공포가 짜임이 있다.

옥천교玉川橋는 홍화문을 들어서면 바로 나타난다. 창경궁이 건설된 1484년에 함께 건설된 것으로 보인다. 다리가 크지는 않으나 모양이 아름답고 견고하며 난간과 교각에 돌짐승 조각이 있다.

<홍화문>

<옥천교>

명정문明政門은 옥천교를 건너면 바로 만나는 명정전의 정문이다. 창경궁을 세울 때 지었으나 임진왜란으로 소실되어 광해군 때 중건되었다. 창경궁은 정문부터 중문인 명정문까지의 거리가 짧다. 명정문을 지나면 조정이 나오고, 조정에는 박석이 깔려 있고 행각이 둘러져 있다.

명전전明政殿은 창경궁의 정전으로 경복궁과 창덕궁의 정전이 중층인 데에 비해 단층이며 규모도 작다. 1484년에 건립되었으나 임진왜란 때 소실되어 1616년에 다시 지었다.

<명정문>

<명정전>

명정전은 임진왜란 이후에 다시 지었지만, 조선 전기 건축의 특징이 잘 나타나 있다. 현재 남아 있는 조선 궁궐의 정전 중에서 가장 오래 되었고, 고색이 창연하다는 말과 잘 어울린다. 정면 5칸 측면 3칸, 겹처마 다포 양식의 팔작지붕이다. 전각이 크지 않아 옥좌가 가까우며, 내부 2열의 기둥들이 생략되어 옥좌 주위가 넓게 보이고, 후면 바깥에 툇칸을 달아 행각과 연결되어 있다. 천장에는 봉황 한 쌍이 조각되어 있고, 바닥에는 전돌이 깔려 있으며, 꽃창살이 아름답다.

<명정전 옥좌>

<명정전 천장>

문정전文政殿은 창경궁의 편전이다. 1484년 창경궁이 창건될 때 지어졌으나 임진왜란으로 불타 광해군 8년(1616)에 중건되었다. 정문인 홍화문부터 정전 명정전까지는 동향이나 문정전은 남향이다.

영조 38년(1762) 7월, 영조는 사도세자에게 죽음을 명하고, 문정전 앞마당에 사도제자가 들어갈 뒤주가 놓였다가 뒤주는 선인문 안뜰로 옮겨졌다. 1930년까지도 남아 있었으나 일제에 의해 사라지고, 1986년에 정면 3칸 측면 3칸, 겹처마 다포 양식 팔작지붕으로 복원되었다.

<복원된 문정전>

<문정전 내부>

함인정涵仁亭은 명정전 바로 뒤에 남향으로 서 있다. 인조 11년(1633)에 지어져 편전으로 쓰였다. 주변에 행각이 있었으나 지금은 없고, 본래는 벽이 있는 전각이었으나 현재는 벽이 없이 사방이 트여 있다. 정면 3칸 측면 3칸의 팔작지붕이며 처마 곡선의 휨이 크다.

순조 30년(1830)에 창경궁 대화재로 내전의 함인정, 환경전, 경춘전, 통명전 등 많은 전각들이 소실되었다. 1834년에 중건되어 오늘에 이르고 있으며, 이때 중건된 전각들의 현판은 모두 순조의 친필이다.

<함인정>

<함인정 현판>

환경전歡慶殿은 왕의 침전이다. 남향하고 있으며 주변에 행각을 두르고 있었으나 모두 없어졌다. 일제강점기에 이 일대의 전각들은 전시장으로 사용되어 온돌을 없애고 마루를 까는 등 내부가 변형되었다.

경춘전景春殿은 환경전 옆에 동향으로 서 있다. 정조와 헌종이 태어났으며, 여러 명의 왕비가 타계했다. <궁궐지>에 사도세자가 정조를 낳기 전에 용이 경춘전에 들어오는 꿈을 꾸고 경춘전 동쪽 벽에 용을 그린 그림을 붙여 놓았다고 했다. 그림이 언제 사라졌는지는 모른다.

<환경전>

<경춘전>

통명전通明殿은 왕비의 침전으로 궁궐 서북쪽 가장 깊숙한 곳에 남향으로 서 있다. 창경궁 내전 중 가장 큰 건물로 정면 7칸 측면 4칸의 겹처마 이익공 팔작지붕이다. 용마루가 없는 무량각 건물이며 넓은 월대가 있다. 조선 궁궐의 침전을 대표하는 전각이다.

통명전 서쪽에는 화강암으로 조성된 동서 5.2m, 남북 12.8m의 네모난 연못 지당이 있다. 장대석으로 벽을 쌓았고, 난간과 중앙에 돌조각이 있으며, 지당 복판 위에는 간결한 돌다리가 동서로 놓여 있다.

<통명전>

<통명전 지당>

양화당養和堂은 통명전과 나란히 있는 왕비의 생활공간이다. 정면 6칸 측면 4칸의 익공계 팔작지붕이다. 병자호란 때 남한산성으로 피난 갔던 인조가 창경궁으로 돌아와 이곳에 머물렀다.

영춘헌迎春軒은 서행각인 집복헌集福軒과 나란히 함께 서 있다. 'ㅁ 자'형 건물로 남향이며, 역시 'ㅁ 자'형인 집복헌은 서향이다. 두 전각은 1830년에 불에 타 1834년에 중건되었으며 이후 내전으로 사용되었다. 기둥의 높이가 낮고 익공도 간결한 소박한 생활공간이다.

<양화당>

<영춘헌>

자경전慈慶殿은 정조 2년(1777) 정조가 어머니 혜경궁 홍씨를 위해 지은 전각으로 정조비 효의왕후가 1821년 이곳에서 타계했다. 1867년 경복궁 중건 때 이 전각을 헐어 경복궁 자경전을 지었다. 1911년 일제는 비어 있던 이 터에 일본식으로 이왕가 박물관을 지었다. 1938년 이왕가 박물관이 덕수궁으로 이전하자 다음 해부터 장서각이라 하여 도서관으로 바뀌었다. 1960년대까지 장서각에는 7만여 권의 고서적이 보관되어 있었으나 1992년에 장서각은 철거되고 지금은 빈 터로 남아 있다.

<창경궁 장서각>

<자경전 터>

춘당지春塘池는 창경궁 북쪽에 있는 연못이다. 본래의 춘당지는 지금 춘당지 위편의 소 춘당지였고, 아래의 큰 연못은 왕이 직접 농사를 지어 농부들의 수고를 체험하던 논이었으나 일제가 모두 터서 하나로 만들었다. 일제는 춘당지를 위락시설의 중심지로 만들었다. 광복 후에도 창경원이 창경궁으로 복귀되기 전까지 춘당지에서는 보트를 탔고, 겨울에 물이 얼면 스케이트를 탔다. 1983년 이후 주변의 위락시설이 모두 철거되고 연못 중앙에 동그란 섬을 하나 만들며 크게 정비되었다.

<춘당지>

<소 춘당지>

<팔각칠층석탑>은 춘당지 서남쪽 연못가에 있는 국내 유일의 중국 석탑으로 명의 라마탑 계열이다. 1470년에 제작된 것으로 1911년 일제가 이왕가 박물관을 세울 때 구입해 이곳에 두었다고 한다.

창경궁 대온실은 춘당지 북쪽 끝에 1909년에 일제가 만든 온실로 연면적 582.3 ㎡, 높이 10.5m로 건립 당시 동양 최대였다. 온실 앞에는 조선 최초로 조성된 유럽식 정원이 있다.

<팔각칠층석탑>

<대온실과 정원>

춘당대春塘臺는 대온실 앞에서 창덕궁 후원의 부용지 일대까지 이어지는 넓은 마당이다. 지금은 막혀 있지만 조선에서는 국가 행사나 과거 시험을 치르던 곳이다. 춘당지라는 이름은 춘당대에서 유래했다.

춘당지 연못가 북동쪽에는 백송白松들이 서 있다. 껍질이 하얗기 때문에 붙여진 이름으로, 나이가 백 살이 넘어야 껍질이 하얗게 변하기 시작한다고 한다. 이곳의 3그루의 백송은 거의 같은 나이로 추정되나 하나는 하얗고 나머지 둘은 아직 덜 하얗다.

<춘당대>

<백송>

창경궁 내전은 왕실 가족의 생활공간이었으므로 많은 왕실 가족들과 여인들이 살고 있었다. 일제는 이곳의 전각들을 모두 헐고 동물우리를 만들어 궁궐의 위엄을 훼손했다. 지금은 빈 공터에 나무들이 전각을 대신하고 있다.

내전 권역의 끝, 금천 옆에 느티나무 한 그루와 회화나무 한 그루가 함께 서 있다. 사도세자의 부인 혜경궁 홍씨와 아들 정조가 서로 의지하며 살아가는 모습이라고 한다.

<내전 터>

<느티나무와 회화나무>

궐내각사闕內各司는 홍화문으로 들어서서 왼쪽 남행각 밖에 있었다. 많은 전각들이 있었으나 일제강점기에 모두 파괴되고, 그 자리에 동물 우리가 있었으나 동물들은 모두 옮겨졌다. 궐내각사의 관리들이 출입하던 문이 동쪽 선인문이다.

관천대觀天臺는 궐내각사 터 남서쪽 끝에 있는 천체관측 시설이다. 1688년에 제작되어 창덕궁 금마문 밖에 설치되었다가 일제에 의해 창경궁 안으로 옮겨졌다. 관천대 중앙에는 과학기기를 놓는 받침대가 있다.

<궐내각사 터>

<관천대>

부왕 영조의 명에 의해 선인문 안뜰에 놓인 뒤주 속에 갇힌 사도세자는 뜨거운 7월의 태양 아래에서 8일 만에 숨을 거두었다. 그 모습을 두 그루의 회화나무가 다 보고 있었다고 한다. 한 그루 키 큰 회화나무는 너무 마음이 아파 속이 새카맣게 타들어가 결국 줄기가 두 쪽으로 갈라져 버렸다. 금천 옆에 있는 또 다른 한 그루 회화나무는 나도 따라 죽겠다고 넘어져 버려 지금도 옆으로 쓰러져 있다. 일제강점기에 키 큰 회화나무 옆에는 동물우리, 쓰러진 회화나무 옆에는 새우리가 만들어졌다.

<키 큰 회화나무>

<쓰러진 회화나무>

5) 경희궁

임진왜란으로 조선의 세 궁궐은 모두 불타 사라졌다. 경복궁은 중건되지 못하고 1610년에 창덕궁, 1616년에 창경궁이 중건되었다. 창덕궁과 창경궁, 두 궁궐을 합하여 동궐이라 했고 동궐이 법궁이 되었다. 양궐 체제를 회복하기 위해서는 이궁이 있어야 했다.

광해군은 경희궁 터에 왕기가 서렸다는 술사의 말을 믿고 1616년 7월부터 이궁 건설공사를 시작하여 다음 해 6월에 1,500칸 규모의 경덕궁을 완공했다. 동궐이 법궁이 되고, 경덕궁이 이궁이 되는 양궐체제가 다시 성립되었다. 경덕궁 자리는 선조의 5남인 정원군의 집이 있던 곳으로 새문동 집터라 했으며, 인왕산을 배후의 주산으로 하고, 북악산을 왼편의 좌청룡으로 하는 위치다.

1623년 4월에 인조반정으로 광해군이 폐위되고 정원군의 장자인 인조가 즉위하니, 정원군 집터에 왕기가 서렸다는 술사의 말은 현실이 되었다. 인조는 즉위 초에 인조반정과 이괄의 난으로 창덕궁이 소실됨으로 경덕궁에 머물렀다. 영조 36년(1760)에 경덕궁은 경희궁으로 이름이 바뀌었는데, 정원군의 시호가 경덕이었기 때문이다.

<서궐도안>은 경희궁을 그린 그림으로 서궐은 경희궁의 별칭이다. 제작연도와 제작자는 확인되지 않았고 경희궁에 화재가 있었던 1829년 이전에 그려진 것으로 보인다. 채색 없이 먹으로만 그렸고, 지붕에 이름을 쓴 전각이 99동에 이른다. 동서로 길고, 주요 전각들은 남향이다.

<서궐도안>

1865년 무렵부터 경희궁의 많은 전각들이 헐려 경복궁 중건에 투입되었다. 1867년 경복궁 중건이 완료되어 법궁 경복궁, 이궁 창덕궁의 양궐체제가 다시 성립됨으로 세 번째 궁궐인 경희궁은 유명무실해지고 궁궐터는 황량해졌다. 아래 사진은 텅 빈 경희궁을 보여주고 있다. 중간 아래에 정문 흥화문과 그 앞의 금천교는 남아 있으나 그 안쪽으로는 아무것도 없다. 위쪽에 보이는 산은 북악산이고, 오른쪽 위에 중건된 경복궁이 보인다.

<경희궁>

<경성중학교>

1910년 5월, 일제는 비어 있던 경희궁 터에 일본인 자제들을 위해 경성중학교를 설립하였다. 앞 페이지 아래 사진은 1913년에 찍은 경성중학교 사진이다. 왼쪽 학교 건물 위로 숭정전 지붕이 보이고 뒤로 북악산이 보인다. 경희궁은 역사의 흐름 속에 변화를 거듭하지만, 두 사진에서 보이는 북악산의 모습은 한결같다.

조선의 궁궐 중 일제강점기에 가장 피해가 컸던 곳은 경희궁이다. 다른 궁궐들은 몇 동이라도 전각들이 남아 있었지만 경희궁은 단 하나의 전각도 원래 자리에 남아 있지 않았다. 그나마 남아 있던 전각 중 흥화문은 장충동 박문사로, 숭정전과 회상전은 남산 조계사로, 황학정은 등과정 터로 옮겨졌다. 경희궁의 전체 부지 18만㎡ 가운데 8만㎡에 총독부 전매국이 건립되어 부지마저 크게 축소되었다.

광복 후에 경성중학교는 폐교되고 그 자리에 공립 서울중고등학교가 설립되었다. 정전 숭정전이 있던 자리에는 학교 본관이 들어섰고, 내전이 있던 자리는 오른쪽 아래 보이는 공터로 운동장이 되었다. 뒤의 산은 인왕산이고, 1980년에 서울고등학교는 서울 서초구로 이전하였다.

<경희궁 터 서울고등학교>

서울고등학교가 이전한 다음, 경희궁의 전체 부지는 한 기업에 매각되었다가, 서울시가 기업으로부터 다시 인수하여 1985년부터 2년간 발굴조사를 실시했다. 많은 유물들이 발굴되었고, 신석기시대 유물도 출토되었다. 1987년부터 복원이 시작되어 1988년에 흥화문, 1991년에 숭정전, 1998년에 자정전과 회랑, 2000년에 태령전과 그 일곽이 복원되었다. 2002년 5월에는 남동쪽에 서울역사박물관이 개관되었다. 현재 경희궁의 면적은 원래의 반이 조금 넘는 101,222㎡다.

<복원된 경희궁>

<복원된 경희궁>

흥화문興化門은 경희궁의 정문으로 정면 3칸 측면 2칸의 다포계 단층 우진각지붕이다. 광해군 10년(1618)에 동향으로 세워져, 1910년 경성중학교 설립 당시에도 원래 자리에 있었으나 1915년 남쪽으로 옮겨졌다. 1932년 흥화문은 장충동 박문사 정문으로 다시 옮겨졌다. 박문사는 안중근 의사가 하얼빈에서 총살한 이등박문(이토 히로부미)을 위해 일제가 지은 사찰로 1945년 광복과 더불어 폐사되었다. 1988년, 흥화문은 경희궁의 원래 자리에서 100m 떨어진 곳에 남향으로 옮겨 세워졌다.

<흥화문>

<흥화문>

숭정전崇政殿은 경희궁의 정전으로, 광해군 12년(1620) 이중 월대 위에 정면 5칸 측면 4칸, 겹처마 다포계 팔작지붕으로 지어졌다. 1744년 영조의 51세 기로소 입소 경하 잔치가 숭정전에서 거행되었다.

1926년 숭정전은 서울 남산 북쪽 기슭 필동의 일본 조동종계 사찰인 조계사의 본전으로 팔려나갔다. 해방 후 일본 조동종 조계사는 철수했고, 숭정전은 극도로 퇴락한 모습을 보여주었다. 월대도 없이 얕은 기단 위에 기울어진 듯이 겨우 서 있고, 문은 덧문으로 덮여 있었으며, 처마 끝은 곧 무너질 듯하여, 원래의 단정한 모습은 찾아볼 수 없었다.

<숭정전>

<이건된 숭정전>

해방 후 서울 남산 필동에 동국대학교가 설립되었다. 동국대는 1976년 9월 숭정전을 현재의 위치로 옮기고 학교의 법당인 정각원으로 사용하고 있다. 내부 구조가 불교 의례를 치르기에 맞도록 변경되었다.

1988년 숭정전을 원래의 자리로 이건할 것을 검토하였으나 현재 동국대학교의 법당으로 사용되고 있고, 부재들이 낡아 원래의 숭정전은 동국대학교에 그대로 두고, 새로 숭정전을 건립하기로 하였다. 숭정전은 원래의 위치에 조정, 월대, 회랑 등과 함께 복원되었다.

<정각원>

<복원된 숭정전>

자정전資政殿은 경희궁의 편전으로, 광해군 12년(1629)에 정면 3칸 측면 3칸의 겹처마 팔작지붕으로 처음 건립되었다. 숙종의 빈전으로 사용되었고, 이곳에서 업무를 본 마지막 왕은 철종이며, 고종의 어진과 위패를 모셨다. 마당 앞에 자정문이 있다.

태령전泰寧殿은 자정전 서쪽에 있는 전각으로, 영조 대에 정면 5칸 측면 3칸의 겹처마 팔작지붕으로 건립되었다. 영조 21년(1745)에는 영조의 연잉군 시절에 제작된 초상화를 보관하였다.

<자정전>

<태령전>

서암瑞巖은 태령전 바로 뒤 비탈에 있는 바위다. 마치 큰 동굴의 입구 같기도 하고, 바닥에서 물이 솟아 아래로 흐른다. '경희궁의 지기가 세다.'는 속설이 서암에서 비롯되었다는 이야기가 있다.

황학정黃鶴亭은 1898년에 경희궁에 지어진 활터 정자다. 1923년 민간에 팔려 사직단 위 등과정이 있던 자리로 옮겨졌다. 정면 4칸 측면 2칸, 팔작지붕으로 경희궁 밖에 나와 있지만 원래의 모습을 간직하고 있다. 황학정 활터는 지금도 서울을 대표하는 국궁 활터 중 하나다.

<서암>

<황학정>

6) 덕수궁

1592년 4월 임진왜란이 일어나자 선조는 의주로 몽진을 떠났다. 다음 해 10월에 한양으로 돌아왔으나 거처할 궁궐이 없었다. 월산대군 후손의 집과 계림군의 집, 인근 민가를 합쳐 임시 거처로 삼고 정릉동 행궁이라 했다. 1608년, 선조는 창덕궁 중건 중에 15년 간 머물던 정릉동 행궁에서 승하하였다.

광해군은 1611년 정릉동 행궁을 경운궁慶運宮이라 명명했다. 광해군은 1610년 중건된 창덕궁과 경운궁을 오가다가 1615년에 창덕궁으로 들어갔다. 1618년, 광해군은 인목대비를 경운궁에 유폐시키고 서궁이라고 격을 낮추어 불렀다. 1623년 3월 인조반정으로 즉위한 인조는 즉조당과 석어당만 남기고 30년 간 경운궁에 속해 있던 가옥과 대지를 원 주인에게 돌려주었다. 이후 270여 년 간 경운궁은 궁궐이 아니었다.

1895년 10월 경복궁에서 명성황후가 시해되고, 고종은 다음 해 2월 러시아 공사관으로 이어했다. 고종은 경운궁을 다시 건설하고 1897년 2월에 경운궁으로 이어했다. 그 해 10월, 고종은 원구단에서 대한제국을 선포하니 나라는 제국, 왕은 황제, 경운궁은 황궁이 되었다.

<경운궁>

1904년 4월, 경운궁에 대화재가 일어났다. 전각들이 모두 타버려 고종은 화재를 면한 중명전으로 이어하였다. 다음 해 11월 중명전에서 을사늑약이 강제 체결되었고, 고종은 은밀히 헤이그에 특사를 파견했다. 1907년 7월, 일본은 고종을 압박해 순종에게 선위케 하고, 고종은 태황제로 물러났다. 이 무렵에 경운궁은 덕수궁德壽宮으로 이름이 바뀌었다.

1919년 1월, 고종은 재위 45년 향년 68세로 함녕전에서 승하하였다. 독살 의심을 품은 백성들은 일제에 항거하여 거국적인 3 · 1 독립운동을 일으켰다. 일제는 1933년에 덕수궁을 공원으로 개방했다. 현재 덕수궁 면적은 원래의 1/3 정도인 63,069㎡로 크게 축소되어 있다.

<원구단>

<덕수궁>

대한문大漢門은 덕수궁의 정문이다. 원래 덕수궁의 정문은 남쪽의 인화문이었으나 1904년의 화재로 타버려 1906년 4월에 동문인 대안문大安門을 수리하여 이름을 대한문으로 바꾸고 정문으로 삼았다. 정면 3칸 측면 2칸의 다포계 단층 우진각지붕이다. 1914년 일제가 덕수궁 앞에 태평로를 개설하면서 덕수궁의 동쪽 영역이 크게 축소되었고, 대한문도 원래의 위치에서 뒤로 물러났다. 1968년 도로확장 공사로 다시 한번 뒤로 물러나 지금의 위치에 있게 되었다.

<대안문>

<대한문>

중화전中和殿은 덕수궁의 정전이다. 본래의 중화전은 1902년에 2단의 월대 위에 세워진 정면 5칸 측면 4칸 다포계 중층 팔작지붕이었다. 1904년 화재로 소실되어 1906년에 정면 5칸 측면 4칸, 다포계 단층 팔작지붕으로 축소 재건되었다. 중화전은 대한제국의 정전이므로 창문은 황제의 색깔인 노란색이다. 천장에는 쌍룡이 조각되어 있고, 중화전 밖 양 옆에는 청동 향로가 놓여 있으며 향로는 경복궁과 이곳에만 있다. 고종의 어진이 모셔졌으나 1927년 창덕궁의 신선원전으로 옮겨졌다.

<중화전>

<중화전 옥좌>

함녕전咸寧殿은 덕수궁의 침전으로, 정면 9칸 측면 4칸의 익공계 겹처마 팔작지붕이고 서쪽 뒤편으로 4칸이 덧붙여 있어 'ㄴ'자 모양이다. 1904년 4월의 대화재는 함녕전 아궁이에서 시작되었다고 하며, 화재 직후 다시 지어졌다. 고종은 1919년 1월 21일 함녕전에서 승하하였다.

덕홍전德弘殿은 함녕전 서편 바로 옆에 있다. 명성황후의 빈전으로 건립되었고, 1897년 국장 후에는 위패를 모시는 혼전이 되었다. 1904년의 화재 후 1911년 고종의 알현실로 다시 지어 오늘에 이르고 있다.

<함녕전>

<덕홍전>

정관헌靜觀軒은 1900년에 지어진 고종의 집무실 겸 접견실이다. 정면 7칸 측면 5칸으로 조선의 전통 양식과 중국식, 서양식이 어우러진 형태다. 3면이 발코니며 난간과 기둥 장식이 독특하다.

석어당昔御堂은 선조가 임진왜란 때 몽진 갔다 돌아와 머문 전각이다. 광해군에 의해 유폐되었던 인목대비가 인조반정으로 복위된 다음, 광해군의 죄를 묻던 곳이다. 1904년 불에 타 다음 해에 중건되었으며, 단청을 하지 않았고, 지붕에 잡상 등의 장식이 없는 중층건물이다.

<정관헌>

<석어당>

즉조당卽阼堂은 계해년(1623)에 인조가 즉위한 장소다. 영조가 <계해 즉조당>이라는 편액을 써서 걸었다. 고종은 즉조당을 정전으로 사용하다가 1902년에 중화전이 완공되자 편전으로 사용했다. 1904년에 소실되어 다음 해 중건하여 현재에 이르고 있다.

준명당浚明堂은 1904년 화재 후에 즉조당과 함께 다시 지어졌다. 고종의 접견실 또는 의례용으로 사용되었다. 동편 뒤쪽에 4칸짜리 온돌방이 덧붙여 있다. 덕혜옹주의 유치원으로 사용되기도 하였다.

<즉조당>

<준명당>

석조전石造殿은 1910년 6월 완공된 정면 54m, 측면 31m, 연건평 4,115㎡의 3층 석조건물이다. 영친왕의 임시숙소로 사용되었고, 고종의 집무실과 알현실로 사용되다가 1933년부터 덕수궁 미술관이 되었다. 서편에 1938년에 이왕가 미술관으로 개관한 석조전 서관이 있다.

중명전重明殿은 1899년에 건설된 황실도서관이었다. 덕수궁 화재로 고종은 이곳으로 이어했다. 1905년 11월 17일, 을사늑약이 중명전에서 체결되었으며, 1907년 헤이그 특사 파견도 이곳에서 추진되었다.

<석조전>

<중명전>

7) 종묘

종묘宗廟는 조선 역대 왕과 왕비의 신위를 모셔놓고 제사를 지내는 곳으로 국가에서 가장 신성시 되는 공간이다. 조선은 한양으로 수도를 옮긴 다음, 태조 4년(1395) 4월에 좌묘우사의 원칙에 따라 경복궁 우편에 사직단을 세우고, 9월에 경복궁 좌편에 종묘를 건립했다. 종묘는 경복궁의 주산인 북악산의 동쪽 줄기가 끝난 남쪽 아래 멀리 보현봉이 보이는 평지에 건립되었다.

동당이실의 원칙에 따라 신실 5칸을 둔 종묘 정전이 완공되자 즉시 개성에서 태조의 4대조 신위를 모셔와 봉안했다. 1408년 태조가 타계하자 신실 5칸은 다 찼고, 1419년에 정종이 타계하자 정전에 모실 자리가 없었다. 세종 3년(1421)에 정면 4칸, 좌우에 익실 1칸씩을 더한 별묘를 새로 지어 영녕전이라 하였다. 태조 4대조의 신위는 모두 영녕전으로 옮겨졌다.

정전 각 실의 배치를 다시 하여 서상의 법에 따라 서쪽 제 1실에 태조를 모시고 차례대로 동쪽으로 모셨다. 명종 1년(1546)에 정전 4실을 증축하였다. 1592년에 임진왜란이 일어나 일본군에 의해 종묘가 불타버려

<종묘>

광해군 즉위년(1608) 5월에 정전 11실, 영녕전 10실로 종묘를 중건했다. 영조 2년(1726)에 정전 서편에 4칸이 증축되었고, 마지막으로 헌종 2년(1836)에 정전 동편에 4칸의 증축이 있었다. 현재 정전에는 19실에 49위, 영녕전에는 16실에 34위의 신위가 모셔져 있다.

종묘는 선왕들의 영령이 머무는 곳이므로 왕이 생활하는 궁궐보다 더 높은 격조를 요구하여 건축 형태는 간결하면서 위엄이 있다. 정전과 영녕전의 각 실은 앞면에 판문을 두 짝씩 달고 뒷면은 벽으로 막아 내부가 어둡다. 안쪽에 신위를 모시는 감실이 있고 감실 사이는 막혀 있다. 감실 앞에 제사상을 차리고 제사를 지내는 공간이 있다.

두 짝의 판문은 조금씩 맞지 않게 하여 그 틈새로 혼령이 드나들 수 있도록 했다고 한다. 판문 밖으로 제사를 치르는 툇칸이 한 칸씩 있다. 신실들이 한 줄로 길게 늘어서 전체 형태를 이루고 있고, 신실의 크기와 구조는 정전과 영녕전이 같으나, 전체적으로 정전의 규모가 크다.

종묘 정전은 정면 19칸 측면 3칸, 영녕전은 정면 16칸 측면 3칸이다. 두 전각 모두 홑처마 이익공 맞배지붕에 배흘림 둥근기둥이고, 단청이 없고 조각도 없다. 난간이 없는 이중 월대 위에 건립되었으며, 하월대는 상월대에 비해 무척 넓다. 월대에는 투박한 박석이 깔려 있고, 월대 중앙

<종묘제례 국궁사배>

에는 전돌을 깐 신도를 두었다.

종묘는 1963년 1월 사적 제 125호로 지정되었고, <종묘제례악>은 1964년에 국가무형문화재 제 1호로 지정되었으며, <종묘제례>는 1975년에 국가무형문화재 제 56호로 지정되었다. 종묘는 1995년, <종묘제례 및 종묘제례악>은 2001년에 유네스코 세계문화유산으로 등재되었다. 종묘의 현재 면적은 186,786㎡다.

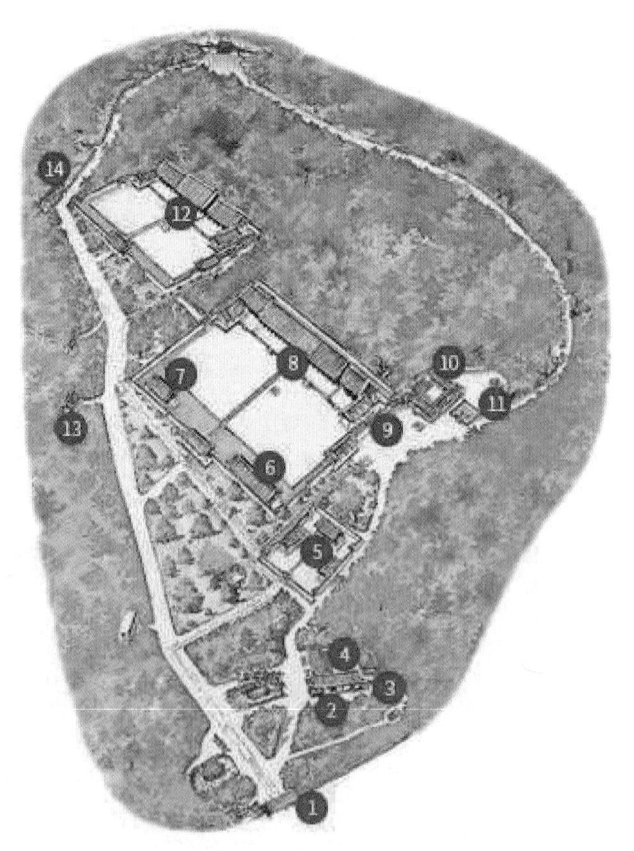

1. 외대문. 2. 망묘루. 3. 공민왕 신당. 4. 향대청. 5. 어재실. 6. 공신당. 7. 칠사당. 8. 정전. 9. 정전 수복방. 10. 전사청. 11. 어정. 12. 영녕전. 13. 정전 악공청. 14. 영녕전 악공청.

<종묘 배치도>

외대문外大門은 종묘의 정문으로 정면 3칸 측면 2칸의 익공계 맞배지붕이다. 궁궐의 대문과 달리 판문 윗부분이 문살로 되어 있어 홍살문의 의미를 지니고 있다.

삼도三道는 종묘 정문부터 안쪽으로 들어가는 길이다. 박석이 깔려 있으며 세 부분으로 나뉘어져 있다. 가운데 조금 높은 길이 조상신이 다니는 신로, 동쪽이 왕이 다니는 어로, 서쪽이 세자가 다니는 세자로다. 삼도는 어재실, 정전, 영녕전으로 이어져 있다.

<외대문>

<삼도>

망묘루望廟樓는 삼도 동쪽에 있는 누마루로 종묘를 바라보는 누각이란 뜻이다. 현왕이 선왕들이 모셔진 정전과 영녕전을 바라보며 추모하기 알맞은 위치에 있다. 망묘루 북쪽에는 제향에 올리는 향, 축문, 예물 등을 보관하고 제관들이 대기하는 향대청이 있다.

공민왕 신당은 1395년 종묘를 창건할 때 망묘루 동쪽에 함께 지어졌다. 공민왕은 전 왕조인 고려의 31대 왕이지만 반원정책 등에 대해 높이 평가받아 신당이 지어졌다. 왕비는 몽골 공주였던 노국대장공주다.

<망묘루>

<공민왕 신당의 공민왕 부부 초상>

어재실御齋室은 왕이 제사 전날 도착하여 제사를 준비하던 곳이다. 동쪽에는 세자가 머물던 세자 재실이 있고, 서쪽에는 목욕을 하던 어목욕청이 있다. 제사 당일, 왕은 세자와 함께 재실 서문으로 나와 정전의 동문으로 들어가 제례를 올렸다.

전사청典祀廳은 제례에 필요한 음식을 준비하고, 물품들을 보관하는 장소다. 전사관이 사용하던 방과 제물로 쓰일 짐승의 도살 장소가 따로 있었고, 당시 쓰던 돌절구와 아궁이가 지금도 남아 있다.

<어재실>

<전사청>

정전正殿은 역대 왕과 왕비의 신위를 모시는 곳으로 어느 곳과도 비교할 수 없는 경건하고 엄숙한 장소다. 서편 제1실의 태조부터 동편 제19실의 순종까지 19위의 왕과 30위의 왕비, 모두 49위의 위패를 모셨다. 전체 길이는 101m로 한국에서 가장 긴 목조건물이며, 동서 양끝에 각 정면 3칸 측면 3칸의 익실이 붙어 있다. 단순한 외형에 휨이 없는 지붕, 회색 기와, 붉은 기둥과 판문만 보이는, 최상의 존중과 격식을 갖춘 전각이다. 정전은 태묘라고도 한다.

<정전>

<정전 툇칸>

<정전에 신위가 봉안된 왕과 왕비>

실 별	신 위
제 1실	태조고황제, 신의고왕후 한씨, 신덕고왕후 강씨
제 2실	태종대왕, 원경왕후 민씨
제 3실	세종대왕, 소헌왕후 심씨
제 4실	세조대왕, 정희왕후 윤씨
제 5실	성종대왕, 공혜왕후 한씨, 정현왕후 윤씨
제 6실	중종대왕, 단경왕후 신씨, 장경왕후 윤씨, 문정왕후 윤씨
제 7실	선조대왕, 의인왕후 박씨, 인목왕후 김씨
제 8실	인조대왕, 인열왕후 한씨, 장렬왕후 조씨
제 9실	효종대왕, 인선왕후 장씨
제 10실	현종대왕, 명성왕후 김씨
제 11실	숙종대왕, 인경왕후 김씨, 인현왕후 민씨, 인원왕후 김씨
제 12실	영조대왕, 정성왕후 서씨, 정순왕후 김씨
제 13실	정조선황제, 효의선황후 김씨
제 14실	순조숙황제, 순원숙황후 김씨
제 15실	문조익황제, 신정익황후 조씨
제 16실	헌종선황제, 효현성황후 김씨, 효정성황후 홍씨
제 17실	철종장황제, 철인장황후 김씨
제 18실	고종태황제, 명성태황후 민씨
제 19실	순종효황제, 순명효황후 민씨, 순정효황후 윤씨

칠사당七祀堂은 인간의 생애를 보살피는 일곱 소신을 모시는 사당이다. 정전 앞 남서쪽에 있으며 정면 3칸 측면 1칸의 맞배지붕이다. 봄에는 사명과 사호, 여름에는 사조, 가을에는 국문과 공려, 겨울에는 국행과 중류 소신에게 제사를 지낸다.

공신당功臣堂은 태조부터 순종까지 83위의 공신이 배향되어 있는 사당이다. 정전 앞 남동쪽에 있는 긴 건물로 정면 16칸 측면 1칸, 맞배지붕이다. 처음에는 담장 밖에 있었으나 담장 안으로 옮겨졌다.

<칠사당>

<공신당>

영녕전永寧殿은 정전에 모시지 못한 단명했거나 업적이 미약했던 왕과 왕비, 네 분의 추존왕과 왕비, 황태자와 황태자비의 신위를 모신 곳이다. 16실에 16위의 왕과 황태자, 18위의 왕비와 황태자비 모두 34위의 위패를 모셨다. 태조의 4대조인 목조, 익조, 탁조, 환조를 모신 중앙의 4실은 좌우의 협실보다 지붕이 높고, 중앙의 4실 좌우로 각 6실이 있다. 정전과 마찬가지로 서쪽이 상실이다. 연산군과 광해군의 신위는 여기에도 들어올 수 없었다.

<영녕전>

<영녕전 툇칸>

<영녕전에 신위가 봉안된 왕과 왕비>

실 별		신 위
서협	제 5실	정종대왕, 정안왕후 김씨
	제 6실	문종대왕, 현덕왕후 권씨
	제 7실	단종대왕, 정순왕후 송씨
	제 8실	덕종대왕, 소혜왕후 한씨
	제 9실	예종대왕, 장순왕후 한씨, 안순왕후 한씨
	제 10실	인종대왕, 인성왕후 박씨
정전	제 1실	목조대왕, 효공왕후 이씨
	제 2실	익조대왕, 정숙왕후 최씨
	제 3실	탁조대왕, 경순왕후 박씨
	제 4실	환조대왕, 의혜왕후 최씨
동협	제 11실	명종대왕, 인순왕후 심씨
	제 12실	원종대왕, 인원왕후 구씨
	제 13실	경종대왕, 단의왕후 심씨, 선의왕후 어씨
	제 14실	진종소황제, 효순소황후 조씨
	제 15실	장조의황제, 헌경의황후 홍씨
	제 16실	의민황태자 영친왕, 황태자비 이씨

종묘제례宗廟祭禮는 조선의 제사 가운데 가장 크고 중요한 제사로 종묘대제라고도 한다. 모든 순서는 엄격한 법도에 따라 진행된다. 1, 4, 7, 10월과 동지 후에 대향을 드렸고, 그 밖에도 작은 제사를 지냈다. 임진왜란으로 중단되었다가 광해군 이후 회복되었으나, 일제강점기에 다시 폐지되었다가 1969년에 전주 이씨 대동종약원에 의해 복원되어 매년 5월 첫째 일요일과 11월 첫째 토요일에 거행되고 있다.

종묘제례악宗廟祭禮樂은 종묘제례 의식의 각 순서마다 연주되는 음악과 무용이다. 악기로 연주되는 기악, 노래로 부르는 악장, 의식무용인 일무 세 가지의 악가무로 구성된다. 상월대에서 연주되는 당상악(등가)과 하월대에서 연주되는 당하악(헌가)이 두 악대에 의해 연주된다. 등가는 현악기의 반주로 가사가 있는 노래가 주로 연주되고, 헌가는 악기만으로 연주된다. 이때 부르는 노래를 종묘악장이라고 한다. 종묘제례악은 <보태평>과 <정대업>이 중심이다.

<종묘제례 진행 순서>

순서	예의	내용	음악	무용
취위	영신	신을 맞기 위해 자리 잡는 의례	보태평(헌가)	보태평지무
신관례	전폐	신을 맞이하는 의례	보태평(등가)	보태평지무
천조례	진찬	음식을 바치는 의례	풍안지악(헌가)	
초헌례	헌작	왕이 신에게 첫 잔을 올리는 예	보태평(등가)	보태평지무
아헌례	헌작	왕세자가 두 번째 잔을 올리는 예	정대업(헌가)	정대업지무
종헌례	헌작	영의정이 세 번째 잔을 올리는 예	정대업(헌가)	정대업지무
음복례	수작	왕이 헌작한 술을 마시는 의례		
철변두	철변두	제례에 쓰인 제물을 거두는 예	옹안지악(등가)	
송신사배	송신	신을 보내는 의례	흥안지악(헌가)	
망료례		제례 축문과 폐백을 태우는 의례		

<보태평>과 <정대업>은 세종 때 회례악으로 제작되었으나 실제로 연주되지 못하다가 세조 10년(1464)에 처음으로 종묘제향에서 종묘제례악으로 연주되었다. 각 11곡으로 약간의 변화는 있지만, 5백 년이 지난 지금도 연주되는 고귀한 음악으로 대단히 느리다.

일무佾舞는 종묘제례악이 연주되는 동안 줄을 맞추어 추는 의식무용이다. 종횡으로 각 8명씩 64명이 팔일무를 춘다. 문무인 <보태평지무>는 손에 악기인 약과 적, 무무인 <정대업지무>는 방패와 도끼를 쥔다.

<종묘제례>

<종묘제례악 일무>

8) 사직단

조선에서 사직단社稷壇은 종묘와 더불어 국가에서 가장 신성시되는 공간이었다. 1395년 4월에 <주례>에 의한 좌묘우사의 원칙에 따라 경복궁의 우편인 서쪽에 사직단이 건립되었다. 인왕산 동남쪽 끝, 뒤가 산으로 막힌 아늑한 곳이다. 종묘는 수도 한 곳에만 설치되지만, 사직단은 지방에도 설치할 수 있었다.

사직단은 동쪽과 서쪽에 별도로 만들어진 두 개의 단이다. 동쪽의 사단에는 토지의 신 국사신과 배우자 후토씨, 서쪽의 직단에는 곡식의 신 국직신과 배우자 후직씨를 모셨다. 두 단 모두 지붕을 하지 않은 정사각형으로, 장대석을 3단으로 쌓았으며, 높이는 3척(91cm), 한 변이 2장 5척(7.57m)이다.

전국 5방위에서 가져온 5색의 흙으로 단의 상부를 덮고 평평하고 단단하게 다졌다. 단의 사방에는 3단의 돌계단을 설치하고, 주위에는 한 변의 길이가 25보(45m)인 유라고 하는 낮은 담을 두르고 동서남북에 홍살문을 세웠다. 낮은 담장 밖으로 사방에 신문을 세운 담장을 다시 두르고 안쪽 서남쪽 모서리에 신실을 두었다. 방위는 정확하게 동서남북이

<사직단>

아닌 약간 동쪽으로 틀어져 있는데, 이는 왕이 있는 경복궁 쪽을 북쪽이라고 보기 때문이다.

1592년 임진왜란으로 사직단이 모두 불타버렸다. 선조 말년에 복구된 이래 여러 차례 수리되다가 병자호란 이후에 재건되었다. 숙종 20년(1694)에 중수되면서 전사청과 좌우 집사청이 세워졌고, 숙종 28년(1702) 부장직소가 후면에 건립되었다가 영조 18년(1742)에 출입문 옆으로 옮겨졌다. 영조 45년(1769)에 보수가 있었다.

1910년 일제강점기로 들어가며 사직단은 황폐화되기 시작했다. 1922년 일제는 사직단의 격을 낮추어 두 개의 단만 남기고 공원으로 만들었고, 1940년에는 사직공원의 면적을 크게 줄였다.

해방 후에 본래 사직단 영역이었던 자리에 많은 공공시설과 건물들이 들어섰다. 1963년 1월에 사적 제 121호 서울사직단으로 지정되었고, 2011년 7월에 사직단으로 명칭이 변경되었다. 2019년부터 사직단 일원에 대한 복원공사가 시작되어 2027년에 복원이 완료될 예정이다. 현재 남아 있는 조선시대의 건물은 재실로 쓰이던 안향청과 사직단 정문뿐이다. 본래의 사직단 영역 면적은 188,710㎡였으나 현재는 43,587㎡로 크게 축소되어 있다.

<사직단>

사직단 정문은 사직단을 지을 때 함께 지었고, 정면 3칸 측면 2칸의 익공계 맞배지붕이다. 임진왜란 때 불타 새로 지은 것을 숙종 46년(1720)에 보수하여 현재에 이르고 있다. 두 번에 걸쳐 위치가 뒤로 물러났다.

사직단 제례는 사직단에서 드리는 중요한 의식으로 사직대제라고도 한다. 종묘와 문묘 제례의 예에 따르고, 제사의 실행은 사직서에서 담당하였다. 일제에 의해 1908년에 폐지되었다가 1988년에 전주 이씨 대동종약원에 의해 복원되어 매년 개천절에 거행되고 있다.

<사직단 정문>

<사직대제>

조선시대에 각 지방에서는 관아 서쪽에 사직단을 세우고 제사를 지냈다. 현재 지방에 남아 있는 사직단은 대구 노변동 사직단, 남원 사직단, 보은 회인 사직단, 산청 단성 사직단, 창녕 사직단 등이다.

남원 사직단은 다른 사직단과 마찬가지로 정방형으로 쌓은 3단의 석축 기단 위 중앙에 넓은 돌로 만든 제단이 놓여 있다. 산청 단성 사직단은 제단의 위치, 축조 방식, 제격 등으로 보아 조선 초기 지방 사직단임을 알 수 있다.

<남원 사직단>

<산청 단성 사직단>

2. 한양도성

1) 한양도성 전체보기

조선은 1395년에 경복궁과 종묘, 사직단을 완성하고 곧이어 1396년 1월부터 한양도성 축성공사를 시작하였다. 북악산 정상 백악마루에서 시작하여 동쪽 시계방향으로 서울의 내사산을 연결하여 한 바퀴 도는 공정이었다. 전체를 97개 구간으로 나누어 평지에는 흙으로, 산에는 돌로 쌓았으며, 한 구간은 600척(약 180m)이었다. <천자문>의 첫 글자인 '천 天'부터 시작해 97번째인 '조 弔'에서 끝난다. 동원 인원은 11만 8천 명이었으며, 그 해 9월에 공사가 완료되었다. 한 구간이 끝나는 곳에 책임자의 관직과 이름, 출신지역, 공사구간 등을 돌에 새겨놓았으며 이 돌을 각자성석이라고 한다.

<서울한양도성>

한양도성은 하나의 성곽이다. 성곽이란 도성의 시설을 통틀어 이르는 말로 성문과 성벽으로 이루어진다. 성문이란 도성의 출입문으로 사람과 우마차가 드나들 수 있는 시설로 낮에는 열고 밤에는 닫는다. 성벽이란 성문을 제외한 성곽의 대부분을 차지하는 부분으로, 돌로 쌓은 높은 담이며 사람이나 적군이 넘을 수 없도록 만든 시설이다.

한양도성의 성문은 동서남북에 대문이 하나씩 있어 사대문이라 하고, 대문 사이에 소문이 하나씩 있어 모두 8개의 성문이 있다. 사대문은 숙정문, 흥인지문, 숭례문, 돈의문이고, 사소문은 창의문, 혜화문, 광희문, 소의문이다. 긴급하거나 야간에 통행하기 위해 눈에 잘 뜨이지 않는 곳에 만든 작은 문을 암문이라고 하며, 한양도성에는 20~30개의 암문이 있었던 것으로 추정된다.

성문은 석축과 문루로 구성된다. 석축은 성문의 아래 부분으로 네모난 긴 돌을 차곡차곡 쌓아 만들며, 중앙에는 무지개 모양의 홍예문을 만들고 홍예문 천장에는 용이나 봉황 등의 그림을 그려 넣었다. 문루는 석축 위에 올린 목조 건축물로 단층이나 2층이며, 지붕은 화살 공격에 안전한 우진각지붕이다. 문루 바깥쪽 중앙에는 문 이름을 쓴 현판을 달았다. 성문 바깥에는 문루로 올라가는 계단이 없고, 안쪽에 석축 양쪽 끝에 문루로 올라가는 계단이 있다.

<성문> -숭례문 -

성벽은 체성과 여장으로 이루어진다. 체성이란 높이 5~8m를 수직으로 빈틈없이 돌을 쌓아 올린 부분이고, 여장은 체성 위에 잘 다음어진 돌을 집 모양으로 올린 부분이다. 성 밖에서 보면 높은 체성과 여장이 다 보이지만 성 안에서는 여장만 보인다. 여장 1칸을 1타라고 하며 높이 0.9~1.2m, 길이 3~6m 다. 여장 1타에는 구멍이 세 개 있다. 가운데 경사가 깊어 가까운 적을 쏠 수 있는 구멍을 근총안이라 하고, 양옆에 수평으로 멀리 있는 적을 쏠 수 있는 구멍을 원총안이라 한다.

체성은 원래 상태로 많이 남아 있지만, 여장은 조선말에 이르면 이미 많이 붕괴된 데다 일제강점기에 일부 남아 있던 구간마저 파괴되어 원래의 여장이 남아 있는 구간은 한양도성 전체 18km 가운데 수백 m에 불과하다. 여장은 대부분 1970년대 후반 이후에 복원되어 돌들이 아직 하얗고, 오래된 체성의 검은 돌과는 색깔이 확연히 구분된다.

한양도성은 조선왕조 전 기간 동안 한양을 지키며 그 자리에 서 있었다. 그러던 성벽이 1899년 전차길 부설로 흥인지문과 돈의문 주변부터 헐리기 시작하여 1907년 9월에는 숭례문 주변 성벽이 헐렸다. 일제강점기에 평지의 성벽은 거의 다 허물어졌으나, 산지에는 온전한 원래의 성벽이 상당히 남아 있었다.

<성벽>

한양도성 안쪽의 물줄기는 모두 청계천으로 모여 흥인지문 옆의 5간 수문으로 나갔고, 남산 북동쪽에서 내려오는 물은 동대문 디자인 플라자 옆의 2간수문으로 흘러나갔다.

한양도성은 태조 때 처음 건설된 이후 여러 차례 보수와 개축이 이루어졌다. 특히 세종, 숙종, 순조 시기에 큰 공사가 있었다. 성벽의 형태는 시대별로 달랐으며, 석재는 인근 채석장에 채취한 화강암이었다. 태조 때의 성벽은 남산 일대와 일부 지역에 기초로만 남아 있고 세종, 숙종, 순조 시대의 성벽은 곳곳에 섞여 남아 있다.

한양도성은 1963년 1월 서울성곽이라는 이름으로 사적 제 10호로 지정되었다. 1974년부터 성곽 보수가 시작되었고, 2011년 7월 서울한양도성으로 명칭이 바뀌었다. 전체 길이 18.627km 가운데 73%인 13.7km가 보수와 복원이 완료되었으며, 나머지 구간은 거의 도심 평지에 있어 아예 멸실되거나 추적과 복원이 어려운 상태다.

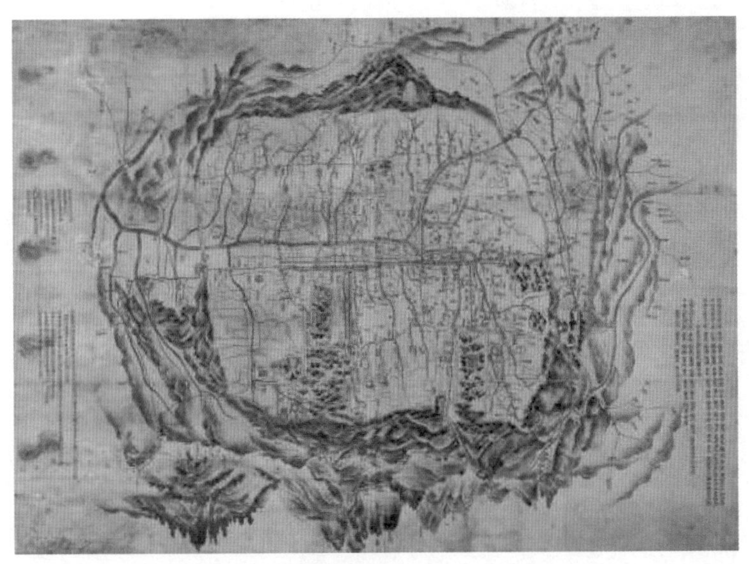

<도성도>

1788년 경(정조 12)에 산수화풍으로 그려진 작자 미상의 서울 지도. 92㎝x67㎝. 그림 위쪽이 남쪽으로 궁궐에서 정면을 바라본 방향으로 그렸다.

태조 때의 성벽은 길이 0.5~2m, 높이 30~50cm 정도의 표면을 다듬지 않은 편마암이나 화강암을 포개 놓는 방식으로 체성을 쌓고, 그 위에 여장을 올렸다. 평지에 흙으로 쌓은 토성의 흔적은 찾을 수가 없다.

세종 4년(1422)에 큰 보수가 이루어져 토성은 석성으로 바뀌고, 석성도 보완되어 한양도성 전 구간이 정비되었다. 아래 부분에는 태조 때의 돌이나 길이 0.5~2m, 높이 30~50cm의 표면을 다듬은 큰 돌을 깔고 그 위에 사방 15~20cm 정도의 작은 돌을 올려놓았다.

<태조 때의 성벽>

<세종 때의 성벽>

숙종 30년(1704)부터 한양도성 전 구간에 대한 대규모 보수가 이루어졌다. 남아 있는 성벽을 활용하여 보수한 구간이 대부분이고, 완전히 붕괴된 구간은 사방 30~40cm 정도의 규격화된 돌을 쌓아 올렸다.

순조(재위 1800~1834) 때에도 대규모 보수가 이루어졌다. 역시 기존의 성벽을 활용하였고, 무너진 부분은 사방 60cm 정도의 잘 다듬어진 돌을 쌓고 여장을 올렸다. 축성 기술이 발전되어 정확한 규격과 형태로 만들어졌다.

<숙종 때의 성벽>

<순조 때의 성벽>

2) 북악산 구간

북악산北岳山의 조선시대 이름은 백악산白岳山이었다. 내사산의 북쪽 산이며 표고 342m로 내사산 중에서 가장 높다. 경복궁의 주산이며 풍수상 북현무다. 경복궁과 청와대 바로 뒤에 있는 산으로 봉우리 하나가 우뚝하며 서울 중심부 어디에서나 잘 보인다. 한양도성 북악산 구간은 창의문에서 시작하여 북악산 정상을 지나 혜화문에서 끝난다.

<남쪽에서 본 북악산>

<서쪽에서 본 북악산>

창의문彰義門은 북악산과 인왕산 사이의 계곡에 있는 한양도성의 북소문으로 자하문이라고도 한다. 1396년 한양도성을 쌓을 때 세운 문루는 임진왜란에 불타버렸다. 영조 17년(1741)에 인조반정(1623) 때 의군이 진입한 문이라 하여, 정면 3칸 측면 2칸의 문루를 다시 세웠다. 인조반정 때의 공신들 이름을 써놓은 현판이 걸려 있고, 천장에는 자하문 밖 지형이 지네처럼 생겼다 하여 천적인 닭을 그려 놓았다. 서울의 4소문 가운데 유일하게 남아 있는 조선시대의 소문이다.

<창의문>

<창의문 현판>

숙정문肅靖門은 한양도성의 북대문으로 처음 이름은 숙청문이었다. 1396년 한양도성을 쌓을 때 세워졌다. 숙정문은 본래 사람들의 출입을 위해 만든 것이 아니라 동서남북 4대문의 격식을 갖추고, 비상시를 위해 만들었기 때문에 앞뒤 모두 가파른 산길이며 큰길은 만들지 않았다.

1413년 한 풍수학자가 북악산 동쪽 고개와 서쪽 고개는 경복궁의 양팔에 해당하므로 여기에 문을 내어서는 안 된다는 상소를 올려, 이에 따라 창의문과 함께 출입이 금지되었다. 1416년에는 <기우절목>을 만들어 가뭄이 심하면 숙정문을 열고 숭례문을 닫았고, 비가 많이 내리면 숙정문을 닫고 숭례문을 열게 했다. 북쪽은 음이며 물을 상징하고, 남쪽은 양이며 불을 상징하기 때문이었다.

원래는 지금보다 조금 서쪽에 있었으나 연산군 10년(1504)에 성곽을 보수하면서 지금의 위치로 옮겨졌다. 처음 건립할 당시에는 문루가 있었으나 보수할 때에는 문루가 없이 석축만 세워 암문으로 만들었던 것으로 보인다. 중종 18년(1523) 이후에는 <실록>에 숙정문으로 기록되고 있다. 1976년에 문루가 있는 현재의 모습으로 복원되었으며, 숙정문은 한양도성의 여덟 개 성문 가운데 성문 양 옆으로 성벽이 남아 있는 유일한 성문이다.

<복원된 숙정문>

혜화문惠化門은 숙정문과 흥인지문 사이의 동소문으로 1396년 도성 축성 때 세워졌다. 처음 이름은 홍화문이었으나 1511년에 혜화문으로 바뀌었다. 임진왜란에 문루가 불타버려 1684년에 문루를 다시 세웠다. 숙정문이 항상 닫혀 있어 이 문이 북대문 역할을 하였다. 일제강점기인 1928년에 도시계획이라는 이름으로 문루가 먼저 헐렸고, 1939년에는 전찻길을 내면서 석축까지 없어져 원래의 모습은 찾아볼 수 없게 되었다. 1994년에 본래 위치보다 조금 북쪽 언덕 위에 복원되었다.

<혜화문>

<복원된 혜화문>

3) 낙산 구간

낙산駱山은 내사산의 동쪽 산이며, 풍수상 경복궁의 좌청룡이다. 125m로 내사산 중 가장 낮고, 북에서 남으로 완만한 능선이 길게 이어지고 있다. 산 모양이 낙타등 같아 낙타산, 줄여서 낙산이라고 부른다. 조선에서는 왕실의 우유를 생산하여 타락산이라고도 했다. 타락이란 우유의 옛말이다. 창경궁과 낙산 사이의 넓지 않은 평지는 동촌이라고 했다.

<낙산>

<낙산 성벽>

낙산구간은 혜화문 건너편부터 흥인지문까지다. 이 구간의 성벽은 세종, 숙종, 순조 그리고 1970년대 이후의 다양한 성벽 형태가 번갈아 나타나고 있어 모양과 색깔이 변화무쌍하다.

낙산 일대에는 1960년대 말에 건설된 시민아파트와 단독주택들이 산재해 있었다. 2002년에 본래의 모습과 역사성을 복원하기 위해 낙산 북쪽 지역의 오래 된 아파트와 주택을 철거하여 성벽을 복원하고 15만㎡의 낙산공원을 조성했다. 성벽은 낙산공원과 주택지를 지나가고 있다.

<낙산 성벽>

<낙산 성벽과 흥인지문>

흥인지문興仁之門은 1398년에 완공된 한양도성의 동대문이다. 1592년 임진왜란 때 도성의 궁궐과 성문들이 모두 불타 사라졌으나 숭례문과 흥인지문은 남아 있었다. 고종 6년(1869)에 중건되었으며, 그 문이 지금까지 보존되고 있다. 처음 이름은 흥인문이었으나 중건하며 낙산이 너무 짧고 산세도 빈약하여 흥인문의 이름이라도 길어야 한다고 하여 '갈 지 之'자 한 글자를 더 넣었다고 한다.

높고 큰 석축 위에 정면 5칸 측면 2칸의 겹처마 우진각지붕의 2층 문루를 세웠다. 전체 모양과 크기가 숭례문과 비슷하며 숭례문은 조선 초기, 흥인지문은 조선 후기의 건축 양식을 잘 보여주고 있다. 흥인지문은 도성의 8개 성문 중 유일하게 바깥쪽에 반원형 옹성을 쌓았다. 지대가 낮고 평지여서 성문의 방어를 강화하기 위해서였다.

1899년 5월에 서대문에서 청량리 간 전차가 개설되었다. 처음에는 전차가 흥인지문을 통과했으나 1908년 3월부터 도시계획이라는 이름으로 북쪽과 남쪽의 좌우 성벽이 헐리고, 북측 도로에 전차길이 놓여 흥인지문은 도로 가운데 남아 있게 되었다. 많은 역경을 겪었으나, 흥인지문은 서울의 4대문 가운데 유일하게 남은 조선시대의 대문으로 종로를 바라보며 제 자리에 굳건하게 서 있다.

<흥인지문>

4) 남산 구간

남산南山은 내사산의 남쪽 산으로 높이 270m다. 풍수상 경복궁의 남주작이며, 경복궁 앞에 놓인 책상 같은 산이라 하여 안산이라고도 한다. 동서와 남북의 길이가 거의 같은 마름모꼴로 동쪽과 서쪽에 봉우리가 하나씩 있고, 서쪽 봉우리가 정상이다. 두 봉우리 사이를 완만한 능선이 흐른다. 조선부터 현재까지 서울을 대표하고 상징하는 산으로 서울 어디에서나 잘 보이며, 서울 시민에게 너무나 친근한 사시사철 아름다운 산이다.

조선은 건국 초에 남산 정상에 목멱대왕을 모신 목멱신사를 세우고 목멱산木覓山이라고 불렀다. 그 전의 이름은 인경산이었다. 목멱신사는 국사당이라고 했고, 나라의 안녕과 번영을 기원하는 곳이었다.

애국가 가사에도 있듯이 소나무는 남산의 상징이다. 태종 11년(1411)에 3천여 명을 동원해 소나무를 심었고, 세조 13년(1467)에는 소나무를 보호하기 위한 금송정책을 펼쳤다. 남산 정상에는 세종 5년(1423)에 설치된 봉수대가 있었다. 전국에 5개의 봉수 연락선이 있었으며 1, 2, 3선은 육상 연락선이고 4, 5선은 해상 연락선이었다.

<남산>

1897년, 일본인들은 남산 북쪽 기슭, 임진왜란 당시 일본군의 주둔지였던 지금의 중구 예장동에 공사관을 설치하는 한편, 왜성대공원을 조성하였다. 1907년에 일본은 공사관 자리에 통감부청사를 건립하였다. 1910년, 조선이 일본에 병합되자 통감부 청사는 조선총독부 청사로 바뀌었다. 같은 해, 남산의 북쪽 기슭 일부가 한양공원이라는 이름으로 최초의 시민공원이 되었다.

1925년 10월에 일본은 남산 서쪽 중턱에 조선신궁이라는 대규모 일본 신사를 신축했다. 조선신궁의 머리 위 남산 정상에 있던 국사당은 강제 퇴거되어 인왕산 선바위 아래의 좁은 계곡으로 옮겨갔다. 1926년에 일제는 경복궁에 조선총독부청사를 신축하고, 예장동에 있던 총독부청사를 경복궁으로 이전하였다.

해방 이후 남산 중턱의 조선신궁은 철거되고, 정상에 팔각정이 세워졌다. 1968년 9월, 서울에 있는 공원 중 면적이 가장 큰 2,896,887㎡의 남산공원이 개원되었다. 1975년, 남산 정상에는 해발 243m부터 시작되는 높이 236m의 남산서울타워가 세워졌고, 1991년부터 1998년까지 <남산제모습가꾸기> 사업이 대대적으로 진행되었다. 한양도성 남산구간은 광희문에서 시작해 남산을 종주하여 숭례문에서 끝난다.

<남산>

광희문光熙門은 한양도성의 남소문이다. 1396년에 정면 3칸 측면 2칸의 우진각지붕으로 세워졌으며 수구문, 시구문이라고도 했다. 1711년에 개축했고 문루는 1719년에 완성되었다. 6 · 25로 일부 파괴되었으나 1976년에 복원되었고, 도로 확장으로 15m 남쪽으로 옮겨졌다.

흥인지문에서 끊어졌던 성벽은 광희문 주변에서 잠깐 다시 볼 수 있으나 또 끊어졌다가 장충체육관 뒤에서 다시 등장하며, 이곳부터 남산 전 구간에서 온전한 성벽을 볼 수 있다.

<광희문>

<남산 성벽>

숭례문崇禮門은 남산의 서남쪽 끝에 위치한 한양도성의 남대문이다. 도성의 4대문 중 사람의 출입이 가장 빈번했고 규모도 가장 컸다. 1398년에 완공되었으나 1447년에 다시 지었고 1479년에 크게 보수했다. 장대한 석축 위에 정면 5칸 측면 2칸의 겹처마 다포계 중층 우진각지붕 문루를 세웠다. 휨이 심하지 않고 짜임도 튼튼하여 조선 초기 건축의 장중함을 잘 보여주고 있다. 임진왜란에도 손상되지 않았고, 서울을 상징하는 대문이었으나, 2008년 2월 문루가 불에 타 다시 지었다.

<숭례문>

<복원된 숭례문>

5) 인왕산 구간

인왕산仁王山은 서울 서북쪽에 있는 높이 339m의 내사산 서쪽 산으로 풍수에서 경복궁의 우백호다. 산세가 남북으로 길게 이어지며, 조선 초까지 호랑이가 출몰했을 정도로 험준한 산이다. 서산이라고 했으나 세종 때부터 인왕산이라 불렀다. 인왕은 금강역사라고도 하며 절 입구에서 절을 지키는 수호신이다. 인왕산은 서울을 지키는 산이다.

<인왕산>

<인왕산>

남산 구간이 끝나는 숭례문에서 인왕산 아래까지는 평지며 고층건물이 즐비한 도심으로 성벽은 찾아보기 힘들다. 이 구간에는 1396년에 세워진 서소문인 소의문과 서대문인 돈의문이 있었다. 소의문은 1914년, 돈의문은 1915년에 일제에 의해 철거되었다. 소의문은 서소문고가도로 동쪽 끝에 있었고, 돈의문은 광화문 네거리와 서대문 네거리 중간에 있었다. 서소문로, 서소문동, 서대문구, 서대문 네거리 등 지명으로만 이름이 남아 있다.

<소의문 터>

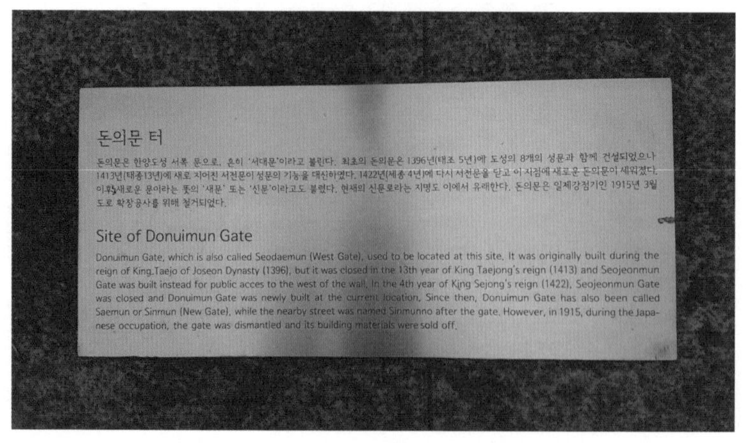

<돈의문 터>

한양도성 밖 인왕산 남쪽 기슭에는 국사당과 선바위가 있다. 국사당國師堂은 남산 정상에 있던 목멱신사였다. 1925년 일제가 남산에 조선신궁을 지으면서 이전을 강요하여 이곳으로 옮겨졌다. 원래 국사당이 있던 남산이 저 멀리 바라보인다. 지금은 무속신앙의 본거지가 되어 있다.

선바위는 국사당 바로 위에 두 사람의 형상을 하고 있는 바위다. 태조와 신덕왕후 강씨라고 한다. 선바위를 도성 밖으로 내침으로 조선 초 왕자의 난 등 불행한 일이 일어났다는 이야기가 전해진다.

<국사당>

<인왕산 선바위>

끊어졌던 성벽은 종로문화체육센터 앞에서 다시 나타난다. 성벽은 정상으로 오르며 시대별로 다른 모양과 색깔을 분명하게 보여준다. 성벽 좌우에는 사연이 있고 모양이 특이한 바위들이 많다. 중종과 폐비 신씨의 사연을 담은 치마바위, 부처바위, 범바위, 기차바위 등이다. 인왕산 정상에서는 내사산과 외사산이 모두 보이고, 한양도성 안쪽과 경복궁이 바로 아래에 펼쳐진다. 성벽은 정상을 지나 창의문 쪽으로 내려가며, 창의문에 다다르면 한양도성을 한 바퀴 다 돈 것이 된다.

<인왕산 성벽과 남산>

<인왕산 성벽>

3. 조선의 산성

1) 산성 전체보기

한반도에서는 어느 시대나 산성을 쌓았다. 산성이란 산에 쌓는 성곽으로 평상시에는 곡식이나 무기 등의 창고, 훈련장 등으로 쓰다가 유사시에 백성과 군사를 모두 들어오게 하여 성과 사람을 지키며 싸우는 곳이다. 높은 산에서 시야를 확보하고, 험준한 지형을 이용하여 유리한 위치에서 효과적으로 적의 공격에 대처할 수 있다. 이것을 청야수성 전술이라고 한다.

삼국시대에 삼국은 요지마다 산성을 쌓았고, 전투는 거의 산성에서 벌어졌다. <삼국사기>에 고구려 말에 176개의 산성이 있다고 했다. 독립적인 산성은 아니지만, 고구려는 당에 대비하여 647년에 부여성에서 동남해에 이르는 천리장성을 쌓았고, 고려는 수차례 거란의 대규모 외침을 당하자 1044년 북방에 천리장성을 쌓았다.

조선에서도 산성의 중요성은 이어졌다. 산성이란 유사시에 왕실의 피난처가 되고 항쟁의 근거지가 되는 곳이었다. 새로 축성한 산성도 있지만 대부분 삼국시대부터 고려를 거쳐 남아 있던 산성을 보수하고 확장한 것이었다. 현재 한반도에는 중부 이남에만 1,200개가 넘는 산성터가 있는 것으로 파악되고 있다.

규모가 큰 산성은 여러 개의 봉우리를 연결해 원형으로 쌓았다. 작은 산성에는 테뫼형과 포곡형이 있는데, 테뫼형은 정상 조금 아래에 테두리를 두르듯 성벽을 쌓은 형태고, 포곡형은 정상에서 계곡까지 둘러싸는 형태다. 산성에는 성벽은 물론이고 성문, 곡성, 치 등을 설치했고 내부에는 지휘소, 숙소, 저수지, 우물 등을 갖추었다.

산성은 형태로 볼 때 흙을 다져 쌓은 토성, 돌로 쌓은 석성, 토성과 석성이 섞인 혼합형이 있다. 석성의 일반적 축성 방식은 경사지를 수직으로 깎아 성벽을 쌓고 뒤를 잔돌과 흙으로 채우는 방식이다. 지대가 높고 바위가 많은 곳에서는 자연 암반을 그대로 이용하고 사이사이에 성벽을 쌓는 방식도 병행했다.

2) 행주산성

행주산성幸州山城은 경기도 고양시 덕양산에 쌓은 산성이다. 덕양산은 한강 하류 강변에 솟은 125m의 작은 산으로 동, 서, 북 삼면이 평야지대며 주변에 큰 산이 없고 서해가 멀지 않다.

행주산성은 내성과 외성의 이중 구조를 하고 있다. 덕양산 정상과 강 옆에 돌출한 봉우리를 중심으로 약 1km의 테뫼식 소규모 토축 내성과 정상에서 동북쪽 작은 골짜기를 둘러싸고 형성된 외성이 있다.

정확한 축성 연대는 알 수 없으나 강 쪽으로 가파른 절벽이 있고, 삼면에 넓은 평야를 안고 있으며, 산성을 돌아 한강으로 유입되는 창릉천을 자연 해자로 이용한 점 등을 볼 때 삼국시대의 전형적 산성 형식과 부합된다. 이곳에서 백제와 신라, 신라와 당이 전투를 벌였던 것으로 추정되고 있다.

행주산성은 임진왜란 3대 대첩 중 하나인 행주대첩이 있었던 곳이다. 1592년 4월 임진왜란이 일어나자 조선군은 힘없이 무너졌다. 일본군이 20여 일 동안 빠르게 북상하자 선조는 급하게 의주로 몽진을 떠났다. 서울은 일본군에 점령되고, 서북 방면의 일본군은 평양까지 진출했다.

<행주산성>

명이 참전하고 추위가 오자 일본군은 총퇴각하여 서울 부근에 집결했다. 일본군은 추격해오는 명의 군대와 벽제관에서 맞붙어 명군을 대파했다. 벽제관에서 승리한 일본군은 사기가 올라 있었고, 패배한 명군은 움직이려 하지 않았다.

전라도 순찰사 권율은 7월에 금산 이치와 12월에 수원 독산성에서 일본군을 격파하고 서울을 수복하기 위해 조방장 조경, 승병장 처영 등과 함께 2,300명의 군사로 행주산성에 진을 치고 서울 수복의 기회를 노렸다. 서울을 탈환하고자 하는 조선군과 조선군을 섬멸하고자 하는 일본군 사이에 조선의 운명이 걸린 결정적 전투가 행주산성에서 벌어지는 순간이었다.

1593년 2월 12일 새벽, 일본군은 3만여 병력을 총동원하여 여러 겹으로 산성을 에워싸고 7진으로 나누어 아홉 차례에 걸쳐 하루 종일 맹공격을 가해왔다. 권율과 민관이 일치단결하여 화차, 수차석포, 신기전 등 신예무기를 사용하고, 적군에게 재를 뿌려 눈을 못 뜨게 하는 등 온갖 방법을 다 동원하여 왜군에 맞서 필사적으로 싸웠다. 무아지경에서 싸우는 처절한 전투였다.

한때 승병이 지키고 있던 일부 구역에서 밀리기도 했지만 곧 전세를

<행주산성 토성>

회복하여 끝까지 한 명의 적병도 산성 안으로 넘어오지 못하게 막았다. 이때 산성 밖의 관군과 의병들은 한강을 이용하여 산성의 군사를 지원하고 적의 배후를 위협했다. 마침내 일본군은 1만여 명의 사상자를 내는 등 큰 피해를 입고 퇴각했다. 조선군은 일본군을 추격하여 수백 명의 머리를 베었다. 행주산성 전투에서 부녀자들이 짧은 앞치마를 두르고 그 치마에 돌을 날라 군사들이 그 돌을 던져 적을 저지하여 <행주치마>라는 이름이 생겼다고 한다.

임진왜란이 끝난 후 1602년에 덕양산 정상에는 대첩비가 세워졌다. 헌종 8년(1842)에는 행주 나루터에 권율을 기리기 위한 사당 기공사가 세워졌으나, 1950년 6 · 25 전쟁 때 소실되었다.

1963년 1월, 면적 361,171㎡의 행주산성이 사적 제 56호로 지정되었다. 그 해 산성 정상에는 대첩비를 다시 세워 본래의 대첩비와 새로운 대첩비가 함께 있게 되었다. 1970년에 대규모 정비 사업을 벌여 권율 장군을 모시는 충장사와 유물전시관을 건립했다.

행주산성에서 바라보는 한강은 넓고 풍요롭다. 임진왜란이라는 전무후무한 비극과 열 배가 넘는 일본군을 물리친 조선군의 기백을 품고 한강은 시간을 초월하여 조용히 흐르고 있다.

<한강>

3) 남한산성

남한산성南漢山城은 백제 초기에 건설되어 조선까지 이어진 역사 깊은 산성이다. 경기도 광주시와 성남시에 걸쳐 있고, 서쪽의 청량산(498m)을 중심으로 북쪽 연주봉(467m), 동쪽 망월봉(502m)과 벌봉(515m), 남쪽의 몇 개 봉우리를 연결하여 쌓은 산성이다.

남, 서, 북 방향은 급경사를 이루나 동쪽은 완만한 경사의 평탄한 계곡이다. 산성 내부는 평균 고도 350m의 구릉성 분지며, 주위는 모두 평지여서 해가 일찍 뜨고 늦게 져 낮의 길이가 긴 곳이다. 삼국시대부터 이곳은 낮이 길어 주장산, 해가 길어 일장산이라고 불리었다.

BC 18년에 시조 온조는 백제를 건국했다. 수도는 하남위례성으로 한강변의 풍납토성 일대다. <세종실록 지리지>에 온조왕 13년(BC 6)에 산성을 쌓고 처음으로 남한산성이라고 불렀다고 했다. 475년, 백제는 고구려군의 공격을 받아 패퇴하고 공주로 천도했다. 553년에 이 지역은 최종적으로 신라에 귀속되었다. <삼국사기>에 문무왕 12년(672)에 신라는 당에 대항하기 위해 일장산성을 쌓았다고 했다. 고려에서는 몽골군의 침입에 백성과 군사들이 광주산성으로 피해 항전했다.

<남한산성> - 산 능선과 중턱의 흰 선이 남한산성 성벽이다 -

<세종실록 지리지> 광주목편에 일장산성은 둘레 3,993보, 성 안에 군사창고가 있고 7개의 우물은 가뭄에도 마르지 않으며 성 안에 논밭이 124결 있다고 했다. <신증동국여지승람>에 일장산성은 주장산성이라고 했고, 주장산성은 남한산성이었다.

선조 25년(1592)의 임진왜란으로 조선은 막대한 피해를 입었다. 1598년에 일본군이 퇴각했으나 조선의 복구를 위한 노력은 힘겨웠다. 광해군대에 들어와 이번에는 후금에 대한 외교정책이 문제가 되면서 수도의 남쪽 후방기지로 남한산성이 주목받기 시작했다.

1623년 3월, 인조반정으로 광해군이 폐출되고 인조가 즉위했다. 다음해 1월, 이괄의 난으로 인조가 공주로 피신하자 유사시에 대비한 피난처의 필요성이 더욱 강조되어 남한산성 축성 공사가 시작되었다.

인조 4년(1626) 7월, 성벽 전체 길이 12.356km, 외성과 옹성을 제외하면 7.545km, 내부면적 2,126,637㎡, 옹성 3개소, 성랑 115개소, 장대 4개소, 문 4개소 등이 완공되었다. 공사에는 전국의 승군이 동원되었고, 승군을 위해 장경사 등 7개의 사찰이 새로 건립되었다. 산성 내에는 행궁을 비롯하여 관아와 비상시에 대비한 시설들이 갖추어졌다.

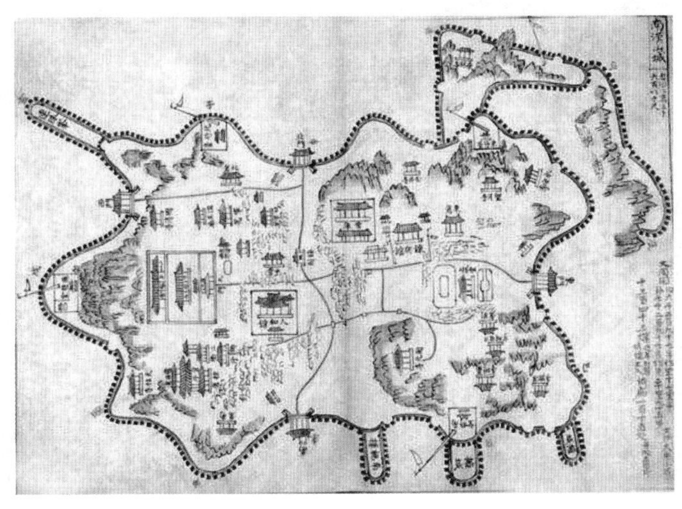

<남한산성 전도>

남한산성 축성이 완료된 다음 해인 1627년 1월, 후금 태종은 광해군이 부당하게 폐위되었다는 명분을 내세워 3만 군사로 조선을 침공하니 정묘호란이다. 내용적으로는 조선이 명에 우호적이고 후금에 적대적이었기 때문이다. 조선군의 주력이 후금군에 패하자 인조는 강화도로 피신했다. 정묘호란은 화의가 성립되어 후금군이 철수했으나 화의 조건은 양측 모두에게 불만이었다. 후금은 조선에 형제의 나라가 아닌 군신의 관계가 될 것을 요구했고, 조선은 그 요구를 거부했다.

<남한산성 성벽>

<남한산성 성벽>

인조 14년(1636) 4월, 후금 태종은 국호를 청으로 바꾸고 12월 초에 12만 대군으로 재차 조선에 침입하니 병자호란이다. 인조는 소현세자와 함께 남한산성으로 들어가 항전했으나, 추위와 굶주림으로 많은 병사들이 희생되었다. 다음 해 1월 30일, 인조는 45일간의 항전을 끝내고 소현세자와 함께 서문으로 나와 탄천 옆 삼전도에서 청 태종에게 세 번 절하고 아홉 번 머리를 조아리는 항복의 예를 행한 후 창경궁으로 들어갔다. 그 치욕의 역사를 기록한 비석이 <삼전도비>다.

<남한산성 서문>

<삼전도비>

숭렬전崇烈殿은 인조 3년(1625)에 건립된 백제 시조 온조왕을 모신 사당으로, 조선의 무신 이서가 배향되었다. 병자호란 때 남한산성에서 항전하던 중 인조의 꿈에 온조왕이 나타나 이서와 함께 있어야겠다고 하고, 다음날 이서가 운명하자 이서를 온조 사당에 배향했다고 한다.

현절사顯節祠는 청에 항전을 주장하다 청에 잡혀가 참수당해 순절한 삼학사 홍익한, 윤집, 오달제를 모신 사당이다. 1688년에 건립되었으며, 1699년부터는 김상헌, 정온도 함께 모시고 있다.

<숭렬전>

<현절사>

수어장대守禦將臺는 동서남북 4개의 장대 중 유일하게 남아 있는 서장대로 청량산 정상에 있다. 1907년 8월 일본군은 화약과 무기가 많다는 이유로 남한산성의 건물과 시설들을 대부분 파괴해 버렸다.

남한산성은 1963년 1월 사적 제 57호로 지정되었고 면적은 608,705㎡ 다. 1971년 3월 남한산성 일대 36.44㎢가 남한산성도립공원으로 지정되면서 정비가 시작되었다. 2011년에 남한산성 행궁이 복원되었고, 2014년 6월에 남한산성은 유네스코 세계문화유산에 등재되었다.

<수어장대>

<복원된 행궁 후면>

4) 북한산성

북한산

북한산北漢山은 서울 북쪽에 있는 인근에서 가장 크고 높은 서울의 주산이다. 북북동에서 남남서로 길게 뻗어 있으며 정상은 백운대다. 아래 사진의 중간쯤 왼쪽 끝에서 오른쪽 끝까지가 북한산이다. 1983년 4월에 76.922㎢가 북한산국립공원으로 지정되었으며, 우이령을 경계로 남서쪽의 북한산 지역과 북동쪽의 도봉산 지역으로 구분되어 있다. 2003년 10월 북한산은 명승 제 10호로 지정되었다.

북한산에는 백운대, 인수봉, 만경대, 보현봉, 문수봉, 비봉, 원효봉, 의상봉 등 40개가 넘는 봉우리가 있다. 탕춘대성능선, 형제봉능선, 응봉능선, 비봉능선, 사자능선, 칼바위능선 등 많은 능선이 있다. 평창계곡, 세검정계곡, 구천계곡, 소귀천계곡, 우이동계곡, 정릉계곡, 진관사계곡 등 크고 작은 계곡이 수십 개 있다. 동령폭포, 구천폭포, 개연폭포 등 폭포도 많다. 도선사, 화계사, 문수사, 승가사, 진관사, 삼천사 등 유서 깊은 절과 암자가 백 개가 넘는다. 북한산은 서울의 은평구, 종로구, 성북구, 강북구, 도봉구와 경기도 고양시, 양주시, 의정부시에 걸쳐 있다.

<북한산>

삼국시대에 북한산은 아기를 등에 업고 있는 형상이라 하여 부아악負兒岳이라 불렀다. 백제 온조왕이 즉위년인 BC 18년에 부아악에 올라 살 땅을 살펴보았다는 기록이 있고, 이후 이곳은 백제의 영토였다. 132년에 개루왕이 최초로 북한산에 산성을 쌓아 고구려의 남진을 저지했다. 이 지역에서 백제, 고구려, 신라 삼국이 여러 번 부딪쳤다. 553년에 북한산 지역은 결국 신라에 편입되었고, 555년에 신라의 영토임을 확인하는 진흥왕순수비가 비봉에 세워졌다.

<북한산 백운대>

<삼각산>

고려에서는 993년부터 백운대, 인수봉, 만경대 세 봉우리가 우뚝 솟아 '뫼 산山' 자 모양을 이루고 있다 하여 삼각산이라 불렀다. 현종 원년(1010)에 거란이 40만 대군으로 침입하자 왕은 양주로 피신하고 태조의 시신을 모셨던 재궁을 부아악으로 옮겼다. 1018년에 거란군에 대비하여 북한산성을 증축했고, 1232년에는 삼각산에서 몽골군과 격전이 벌어졌으며, 1387년에 최영이 삼각산에 중흥산성을 세워 군사를 양성한 일이 있었다.

조선은 임진왜란과 병자호란이라는 외침을 당하여 극난한 국가적 위기를 겪자 도성을 지키고 유사시에 왕실과 백성들이 대피할 산성이 절실하게 필요했다. 병자호란을 겪고 청에 인질로 잡혀 있었던 효종이 이를 추진했으나 실현에는 이르지 못 했다. 숙종은 도성 외곽의 산성으로 북한산성의 건설을 강력하게 추진했다.

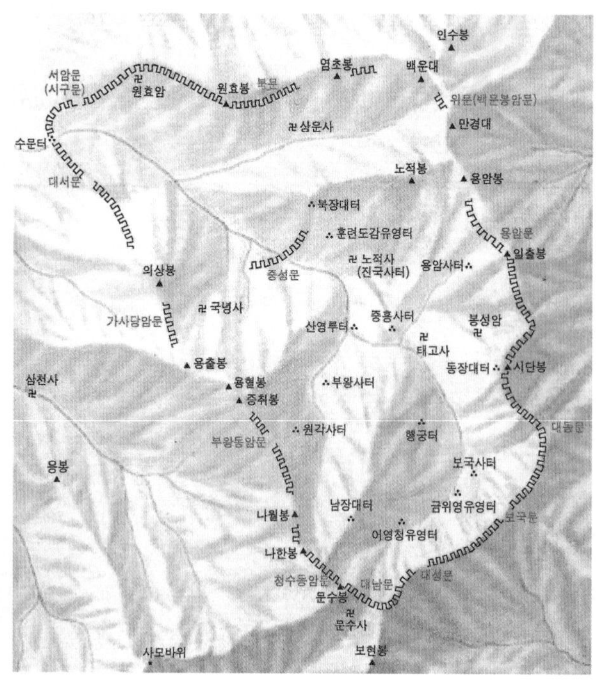

<북한산성 배치도>

북한산성

숙종 37년(1711) 4월부터 6개월 간 대규모 축성 공사를 강행하여 10월에 길이 7,620보(11.6km)의 북한산성이 완성되었다. 백운대-만경대-용암봉-일출봉-시단봉-문수봉-나한봉-나월봉-증취봉-용혈봉-용출봉-의상봉-원효봉-염초봉-백운대를 연결하는 남북이 길고 동서가 짧은 타원형이다. 축성공사에는 훈련도감, 금위영, 어영청 3군문의 군사들과 승군, 임금노동자, 주민, 각종 기술자들이 동원되었고 동원 인원은 3~4만 명이었다. 이때부터 북한산성이 있는 이 산은 북한산으로 불리게 되었다. 남쪽에는 남한산성이 있는 남한산이 있었다.

북한산성은 지형에 따라 성벽의 높이가 달라져 5~8m 정도인 원래의 높이를 고축이라 하고 반축, 반반축, 지축이 있었다. 지축은 공격을 고려한 높이로 평지와 거의 같다. 지형에 따라 여장만 있는 구간이 있고, 여장 없이 자연 암벽만 있는 구간도 있다. 5개의 성문과 8개의 암문, 3개의 장대가 세워졌다. 산성 안에는 1712년에 상원봉 아래 세워진 124칸의 행궁과 140칸의 군사 창고가 있었으며, 승군을 위한 136칸의 중흥사를 비롯한 13개의 사찰이 있었다. 병사들의 숙소인 성랑이 143개소, 창고 8개소, 우물 99개소, 저수지 26개소가 있었다.

<북한산성 성벽>

북한산성은 국가의 위난에 대비해 축성되었지만 정작 외적의 침입에 맞서 싸운 적은 없었다. 고종 30년(1893)에 대규모 보수가 있었다. 일제 강점기에 북한산성은 폐기되기 시작했다. 1915년 폭우에 무너진 행궁은 방치되었고, 같은 해 중흥사는 이유를 알 수 없는 화재로 모두 타버렸다. 성벽의 여장은 대부분 허물어졌고, 세 곳의 장대도 모두 사라졌다. 일제는 독립군이 북한산을 거점으로 삼을 것을 우려하여 헌병대를 주둔시켰으며, 산성 내 대부분의 시설과 사찰을 파괴했다.

해방 후에 북한산성은 한동안 방치되어 있었다. 1968년 12월, 북한산성 515,224㎡가 사적 제 162호로 지정되었다. 현재 성곽의 전체 길이는 12.7km며 그 중 성벽 구간은 8.4km, 평균 높이 7m, 유역 면적은 543,795㎡다. 보존 상태가 좋은 성벽도 많이 남아 있고 장대지, 건물터, 우물터 등의 시설이 확인되었다. 1990년부터 북한산성의 성문, 시설물, 사찰들이 복원되고 있다.

북한산성의 5개 성문 중의 하나인 대서문은 석축만 남고 문루가 없었으나 1958년에 문루가 복원되었다. 다른 성문들은 가파른 산 위에 세워졌으나 대서문은 완만한 경사의 도로 위에 서 있어 사람들의 통행이 가장 많고, 자동차가 다닐 수 있는 유일한 문이다.

<북한산성 대서문>

중성中城은 대서문 쪽의 취약 지역을 보완하기 위해 축성된 북한산성 내의 보조 성곽이다. 사진 왼쪽 위편에 중성문이 보인다. 북한산은 몹시 헐벗어 있고 비탈에 나무 한 그루, 계곡에 물줄기 하나 보이지 않는다.

탕춘대성蕩春臺城은 숙종 41년(1715)에 축성된 북한산성의 외성으로 비봉 아래에서부터 인왕산까지 약 4km다. 탕춘대성 성벽은 대부분이 원래의 상태로 남아 있으며, 탕춘대성의 성문인 홍지문과 그 옆의 오간수문, 주변 성벽이 1977년에 복원되었다.

<북한산성 중성문>

<북한산 탕춘대성>

4. 조선의 왕릉

1) 왕릉 전체보기

왕릉은 선왕의 업적을 기리고 존경을 드리며, 나라와 후손을 돌보아 달라는 간절한 소망을 기원하는 곳이다. 택지는 자연과의 조화를 중요시하여 입지, 방향, 지형, 조망, 지질 등을 충분히 살핀 후에 음택 풍수에 따라 선정되었다. 왕릉은 도성 안에 조성할 수 없었고, 도성 밖 10리에서 100리 사이에 조성되었다.

왕이나 왕비의 사후, 장지에 매장되기 전에 관을 모셔두는 곳이 빈전이고, 왕의 장례를 치른 다음 3년상을 치르고 종묘에 입실될 때까지 신위를 모셔두는 곳이 혼전이다. 왕비가 왕보다 먼저 세상을 떠나면, 왕의 신위가 종묘에 모셔질 때까지 왕비의 신위가 혼전에 모셔진다.

조선에는 44기의 왕릉이 있다. 27기의 왕릉, 5기의 추존 왕릉, 12기의 왕비릉이다. 27기의 왕릉은 왕 홀로 또는 왕과 왕비 1~2명이 함께 있고, 5기의 추존 왕릉은 모두 왕과 왕비가 함께 있고, 12기의 왕비릉은 왕비만 홀로 있다. 44기에 모두 77명의 왕과 왕비가 잠들어 있다. 41기는 서울과 서울 근교에 있고, 경기도 개성에 2기, 강원도 영월에 1기가 있다. 연산군과 광해군은 묘로 격하되어 엄밀하게 말하면 42능 2묘다.

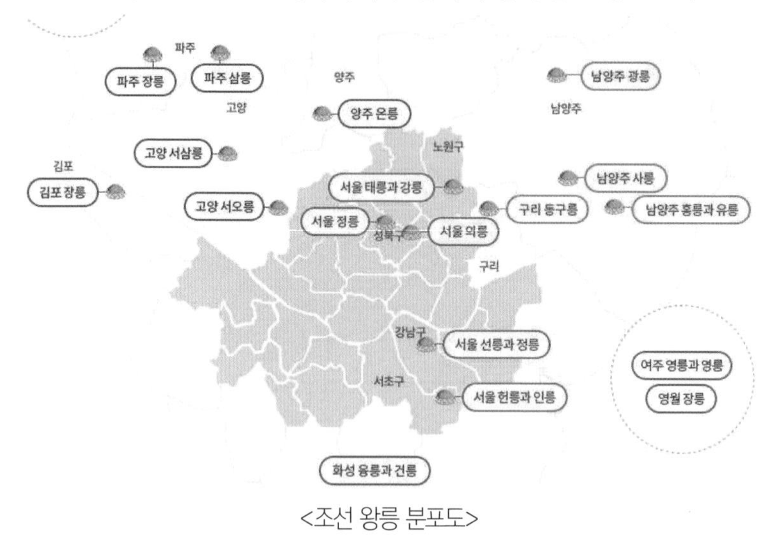

<조선 왕릉 분포도>

왕릉의 구성에는 원칙이 있다. 입구에 작은 물길인 금천이 있고, 그 위에 금천교가 놓여 있다. 금천교를 건너면 붉은 홍살문이 서 있고, 홍살문 앞으로 박석이 깔린 참도가 있다. 참도는 향로와 어로로 나뉘며 향로가 조금 더 높고 넓다. 참도 끝에 제사를 지내는 전각인 '정 丁' 자 모양의 정자각이 있다. 정자각 정면에는 계단이 없고 오른쪽으로 오르고 왼쪽으로 내려간다. 정자각 오른편에는 비석이 있는 비각이 있다. 정자각과 비각 위로 잔디 언덕이 있고, 그 위에 시신이 안장되어 있는 능침이 있다.

<홍살문 참도 정자각 비각>

<능침>

왕릉의 택지는 생전에 자신이 묻힐 곳을 미리 정해놓거나 사후에 결정된다. 능 조성에 관한 인원 관리와 공사는 산릉도감에서 담당하며, 왕릉 하나를 조성하는 데에는 보통 3~5개월이 걸리고, 동원되는 인원은 6천~1만 명이다. 왕릉의 형태는 시대에 따라 조금씩 다르지만 원칙에는 큰 변화가 없고, 왕과 왕비의 능 조성에도 큰 차이가 없다.

능침 공간은 장대석을 경계로 하여 약간의 높이 차이를 둔 초계, 중계, 하계로 나뉜다. 가장 위 높은 곳이 초계로 왕이나 왕비가 묻혀 있는 봉분이 있고 그 앞에 혼유석과 망주석, 주위에 석호와 석양, 뒤에 곡장을 두른다. 그 아래가 중계로 장명등을 가운데 두고 양쪽에 문석인과 석마를 둔다. 세 번째는 하계로 무석인과 석마를 양쪽에 둔다. 영조 이후에는 중계와 하계의 경계를 없애고 문석인과 무석인을 같은 단에 배치하였다.

임진왜란에 종묘는 파괴되었으나 왕릉은 거의 파손되지 않았으며, 일제강점기에 많은 것이 파괴되었어도 종묘와 왕릉은 파손되지 않았다. 조선 왕릉은 2009년에 유네스코 세계문화유산에 등재되었다.

(1) 곡장 : 봉분의 동, 서, 북 바깥을 둘러싼 담장. (2) 봉분 : 왕, 왕비가 안장된 흙으로 쌓은 둥그런 무덤. (3) 병풍석 : 봉분의 보호를 위해 둘러놓은 돌병풍. (4) 난간석 : 병풍석 바깥에 봉분을 둘러싼 돌울타리. (5) 석양 : 봉분을 지키는 돌로 만든 양. (6) 석호 : 봉분을 지키는 돌로 만든 호랑이. (7) 망주석 : 봉분 앞 좌우에 세우는 돌기둥. (8) 혼유석 : 혼이 봉분에서 나와 잠시 머물 수 있게 만든 넓은 돌상. (9) 장명등 : 어두운 사후세계를 밝혀주는 석등. (10) 문석인 : 돌로 만든 문신. (11) 무석인 : 돌로 만든 무신. (12) 석마 : 문신, 무신과 함께 왕릉을 지키는 돌로 만든 말. (13) 예감 : 산릉 제례 후 축문을 태우는 장소. (14) 산신석 : 왕릉이 위치한 산의 신령에게 제사 지내는 곳. (15) 정자각 : 제사를 지내는 왕릉의 중심 전각. (16) 비각 : 비석을 보호하기 위해 세운 전각. (17) 수복방 : 왕릉을 관리하는 사람이 머무는 장소. (18) 수라간 : 제례에 필요한 음식을 만드는 곳. (19) 참도 : 홍살문에서 정자각으로 가는 길로 선왕의 영혼이 다니

는 향로와 현왕이 다니는 어로로 구분. (20) 판위 : 왕이 능역에 들어서며 절을 하는 자리. (21) 홍살문 : 이제부터 신성한 공간임을 나타내는 붉은 칠을 한 문. (22) 금천교 : 능역과 속세를 구분하는 돌다리. 다리 아래 흐르는 물은 금천. (23) 재실 : 왕릉 바깥쪽에 왕릉 관리인이 상주하며 왕릉을 관리하고 제례 때 제수와 물품을 준비하는 장소.

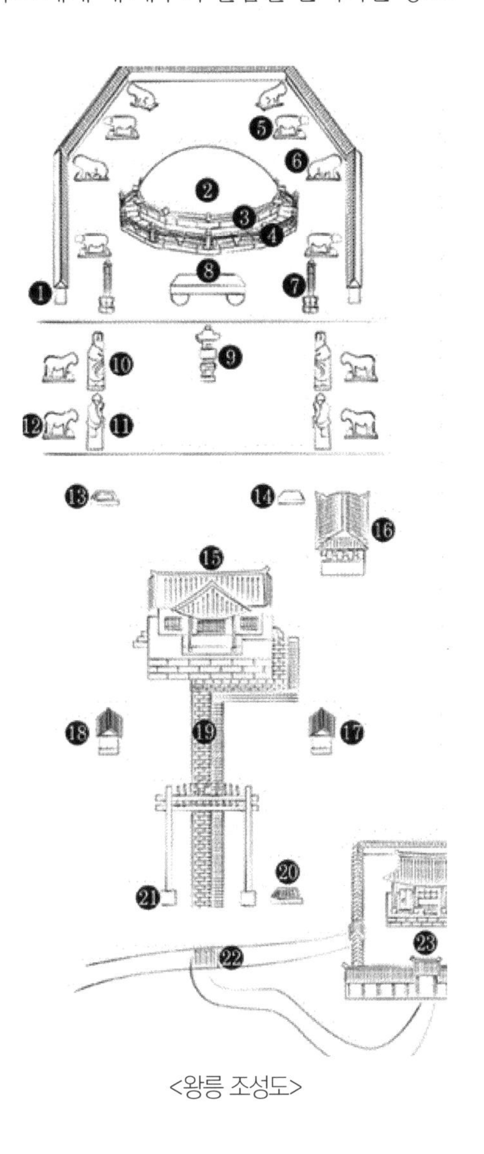

<왕릉 조성도>

<조선 왕릉 일람>

대수	묘호	능호	소재지
1대	태조 신의왕후 한씨 신덕왕후 강씨	건원릉健元陵 제릉齊陵 정릉貞陵	경기도 구리시 인창동(동구릉) 경기도 개성 서울 성북구 정릉동
2대	정종과 정안왕후 김씨	후릉厚陵	경기도 개성
3대	태종과 원경왕후 민씨	헌릉獻陵	서울 서초구 내곡동
4대	세종과 소헌왕후 심씨	영릉英陵	경기도 여주시 능서면
5대	문종과 현덕왕후 권씨	현릉顯陵	경기도 구리시 인창동(동구릉)
6대	단종 정순왕후 송씨	장릉莊陵 사릉思陵	강원도 영월군 영월읍 경기도 남양주시 진건읍
7대	세조와 정희왕후 윤씨	광릉光陵	경기도 남양주시 진접읍
8대	예종과 계비 안순왕후 한씨 원비 장순왕후 한씨	창릉昌陵 공릉恭陵	경기도 고양시 용두동(서오릉) 경기 파주시 조리읍(파주 삼릉)
추존	덕종과 소혜왕후 한씨	경릉敬陵	경기도 고양시 용두동(서오릉)
9대	성종과 계비 정현왕후 윤씨 원비 공혜왕후 한씨	선릉宣陵 순릉順陵	서울 강남구 삼성동 경기 파주시 조리읍(파주 삼릉)
10대	연산군과 거창군부인 신씨	연산군묘	서울 도봉구 방학동
11대	중종 원비 단경왕후 신씨 제 1계비 장경왕후 윤씨 제 2계비 문정왕후 윤씨	정릉靖陵 온릉溫陵 희릉禧陵 태릉泰陵	서울 강남구 삼성동 경기도 양주시 장흥면 경기도 고양시 원당동(서삼릉) 서울 노원구 공릉동
12대	인종과 인성왕후 박씨	효릉孝陵	경기도 고양시 원당동(서삼릉)
13대	명종과 인순왕후 심씨	강릉康陵	서울 노원구 공릉동
14대	선조 원비 의인왕후 박씨 계비 인목왕후 김씨	목릉穆陵	경기도 구리시 인창동(동구릉)
15대	광해군과 문성군부인 유씨	광해군묘	경기도 남양주시 진건읍

추존	원종과 인헌왕후 구씨	장릉章陵	경기도 김포시 풍무동
16대	인조와 원비 인렬왕후 한씨 계비 장렬왕후 조씨	장릉長陵 휘릉徽陵	경기도 파주시 탄현면 경기도 구리시 인창동(동구릉)
17대	효종과 인선왕후 장씨	영릉寧陵	경기도 여주시 능서면
18대	현종과 명성왕후 김씨	숭릉崇陵	경기도 구리시 인창동(동구릉)
19대	숙종 제 1계비 인현왕후 민씨 제 2계비 인원왕후 김씨 원비 인경왕후 김씨	명릉明陵 익릉翼陵	경기도 고양시 용두동(서오릉) 경기도 고양시 용두동(서오릉)
20대	경종과 계비 선의왕후 어씨 원비 단의왕후 심씨	의릉懿陵 혜릉惠陵	서울 성북구 석관동 경기도 구리시 인창동(동구릉)
21대	영조와 계비 정순왕후김씨 원비 정성왕후 서씨	원릉元陵 홍릉弘陵	경기도 구리시 인창동(동구릉) 경기도 고양시 용두동(서오릉)
추존	진종과 효순왕후 조씨	영릉永陵	경기 파주시 조리읍(파주 삼릉)
추존	장조와 헌경왕후 홍씨	융릉隆陵	경기도 화성시 안녕동
22대	정조와 효의왕후 김씨	건릉健陵	경기도 화성시 안녕동
23대	순조와 순원왕후 김씨	인릉仁陵	서울 서초구 내곡동
추존	익종과 신정왕후 조씨	수릉綏陵	경기도 구리시 인창동(동구릉)
24대	헌종 원비 효현왕후 김씨 계비 효정왕후 홍씨	경릉景陵	경기도 구리시 인창동(동구릉)
25대	철종과 철인왕후 김씨	예릉睿陵	경기도 고양시 원당동(서삼릉)
26대	고종과 명성황후 민씨	홍릉洪陵	경기도 남양주시 금곡동
27대	순종 원비 순명효황후 민씨 계비 순정효황후 윤씨	유릉裕陵	경기도 남양주시 금곡동

<왕릉의 형태>

왕릉은 봉분의 수, 매장 방식, 위치에 따라 다른 형태로 조성되었다.

형태	내용
단릉 單陵	한 곡장 안에 왕이나 왕비의 봉분 하나만 조성된 능
쌍릉 雙陵	한 곡장 안에 왕과 왕비의 봉분 둘이 나란히 조성된 능
삼연릉 三連陵	한 곡장 안에 왕과 두 명의 왕비 봉분 셋이 나란히 조성된 능
합장릉 合葬陵	왕과 왕비가 하나의 봉분에 합장된 능
동원이강릉 同原異岡陵	한 능역에 하나의 정자각을 두고 다른 언덕에 봉분이 조성된 능
동원상하릉 同原上下陵	한 능역에 하나의 정자각을 두고 위 아래로 봉분이 조성된 능

<무덤의 구분>

왕실 가족의 신분에 따라 무덤의 위계를 구분하였다.

구분	내용
능 陵	왕과 왕비, 추존된 왕과 왕비의 무덤
원 園	왕을 낳은 왕족이나 후궁, 왕세자와 왕세자빈의 무덤
묘 墓	대군, 군, 공주, 옹주, 후궁, 폐왕 등 나머지 왕족의 무덤

<왕릉군>

조선의 왕릉은 한두 개씩 흩어져 있기도 하고, 한곳에 모여 왕릉군을 이루기도 한다. 조선에서 가장 큰 왕릉군은 능이 9개 있는 서울의 북동쪽 경기도 구리시의 구리 동구릉이고, 다음은 능이 5개 있는 서울의 북서쪽 경기도 고양시의 고양 서오릉이다. 고양 서삼릉과 파주 삼릉에는 능이 3개씩 있다.

구리 동구릉

구리 동구릉東九陵은 태종 8년(1408)에 태조 이성계의 건원릉이 조영된 이후, 능이 늘어나면서 동오릉, 동칠릉이라 부르다가 철종 6년(1855)에 마지막으로 수릉이 옮겨진 이후 동구릉으로 고정되었다. 이곳에서는 조선 왕릉의 형태가 시대에 따라 변화하는 과정을 볼 수 있다. 1970년 5월 사적 제 193호로 지정되었고 면적은 1,915,891㎡다.

건원릉을 중심으로 동쪽에 3릉, 서쪽에 5릉이 있어 모두 9릉에 17명의 왕과 왕비가 안장되어 있다. 재실은 각 능마다 있지 않고 능역 전체에 하나만 있다. 9릉은 태조 이성계의 건원릉, 5대 문종과 현덕왕후의 현릉, 14대 선조와 원비 의인왕후와 계비 인목왕후의 목릉, 16대 인조의 계비 장렬왕후의 휘릉, 18대 현종과 명성왕후의 숭릉, 20대 경종비 단의왕후의 혜릉, 21대 영조와 계비 정순왕후의 원릉, 추존 익종과 신정왕후의 수릉, 24대 헌종과 원비 효현왕후와 계비 효정왕후의 경릉이다.

태종 이방원은 부왕 태조의 능지를 결정하지 못해 걱정이 깊었다. 태조의 유언대로 도성 내 신덕왕후의 정릉 곁으로 모시는 것은 마음이 허락하지 않았다. 동구릉으로 능지를 결정하고 돌아오는 길에 한 고개에 올라 잠시 쉬며 '이제 걱정을 잊었다(망우 忘憂).'라고 해 그 고개 이름이 망우리 고개가 되었다는 이야기가 있다.

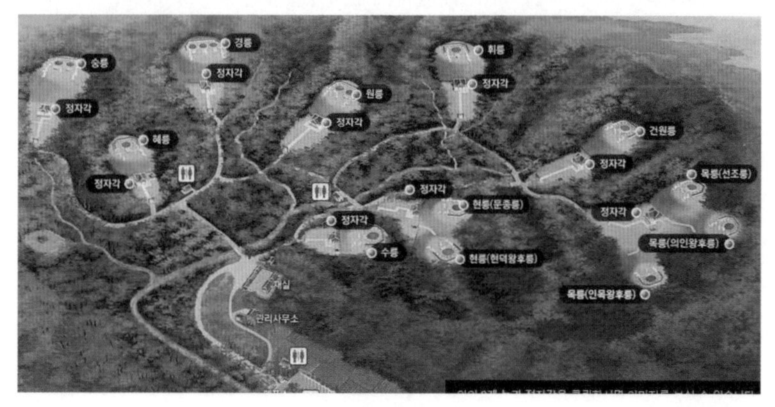

<동구릉 배치도>

고양 서오릉

고양 서오릉西五陵은 세조 3년(1457), 세조의 장자 의경세자의 무덤을 만든 것이 능 조성의 시초다. 후에 의경세자가 덕종으로 추존되며 의경세자의 묘는 경릉으로 이름이 바뀌었다. 경릉 이후에 덕종의 동생 예종과 계비 안순왕후의 창릉, 숙종의 원비 인경왕후의 익릉, 숙종과 제 1계비 인현왕후와 제 2계비 인원왕후의 명릉, 영조의 원비 정성왕후의 홍릉이 조성되어 5릉이 되었다. 1970년 5월에 사적 198호로 지정되었고 면적은 1,829,792㎡다.

서오릉 경내에는 다섯 왕릉 이외에 2원 1묘가 더 있다. 명종 18년(1563)에 조성된 명종의 장자 순회세자의 순창원, 영조 40년(1764)에 서울 신촌에 조성되었다가 1968년에 이곳으로 이장된 사도세자의 생모 영빈 이씨의 수경원, 숙종의 후궁이자 20대 경종의 생모인 희빈 장씨의 대빈묘가 1969년에 이곳으로 옮겨졌다.

이곳에 묻힌 왕족들 중에는 파란만장한 생애를 보낸 분들이 많다. 단명했던 의경세자와 부인 소혜왕후 한씨, 단명했던 예종, 숙종과 숙종의 세 왕비와 희빈 장씨, 홀로 있는 영조의 원비 정성왕후, 영조의 후궁으로 사도세자의 생모인 영빈 이씨 등이다.

<서오릉 배치도>

2) 조선 역대 왕릉

건원릉

건원릉建元陵은 태조 이성계(1335~1408, 재위 1392~1398)의 단릉이다. 태조는 함경남도 영흥에서 이자춘의 차남으로 태어나, 1392년 7월 58세에 조선을 건국하여 개경 수창궁에서 왕위에 올랐다. 태종 8년(1408) 5월 창덕궁에서 74세로 승하했다. 부인 6명, 자녀는 8남 5녀였다.

태조는 생전에 계비 신덕왕후 곁에 함께 묻히기를 원해 신덕왕후의 정릉에 자신의 능소를 마련해 두었다. 그러나 태종은 부왕의 유지에 따르지 않고, 태조의 능을 동구릉 지금의 자리에 단릉으로 조영했다.

건원릉은 고려 공민왕과 노국공주의 현정릉을 기본으로 삼았으나 고려에는 없던 곡장을 봉분 주위에 두르는 등 석물의 조형과 배치에 변화를 주었다. 봉분 아래에 12면의 병풍석을 둘렀고 바깥으로 12칸의 난간석을 두고 초계, 중계, 하계에 석물들을 격식에 맞게 갖추었다. 건원릉은 이후 조선 왕릉의 모범이 되었다. 봉분에는 잔디를 심지 않고 억새풀을 덮었는데, 고향을 그리워하는 태조를 위해 태종이 고향에서 흙과 억새를 가져와 덮었다 한다. 경기도 구리시 동구릉 경내에 있다.

<태조 건원릉>

제릉

제릉齊陵은 태조의 원비 신의왕후 한씨(1337~1391)의 단릉이다. 함경남도 영흥의 호족 한경의 딸로 1351년 15세에 이성계에게 출가했다. 태조가 개경에서 강윤성의 딸과 혼인하자 향처로 신분이 격하되었고, 태조가 조선을 개국하기 1년 전 55세로 세상을 떠났다. 소생은 6남 2녀로 차남 방과는 2대 정종, 5남 방원은 3대 태종이다. 정종 즉위 후 신의왕후로 추존되었고, 1408년 태종은 왕태후로 다시 격상시켰다. 경기도 개성에 있다.

정릉

정릉貞陵은 태조의 계비 신덕왕후 강씨(? ~1396)의 단릉이다. 태조는 고향에 부인이 있었으나, 개경에서 강윤성의 딸을 경처로 맞이했다. 소생으로 2남 1녀가 있었다. 신덕왕후 타계 2년 후인 태조 7년(1398) 8월, 1차 왕자의 난으로 두 아들 방석과 방번이 방원에게 죽임을 당했다. 또 2년 후, 태종은 도성 안에 있던 신덕왕후의 능을 도성 밖으로 옮기고, 석물들을 다른 용도로 사용하였다. 현종대에 이르러 정릉의 석물들을 새로 조성했다. 서울 성북구 정릉동에 있다.

<신덕왕후 정릉>

후릉

후릉厚陵은 2대 정종(1357~1419, 재위 1398~1400)과 정안왕후 김씨(1355~1412)의 쌍릉이다. 정종은 태조의 차남으로 이름은 방과다. 1398년 8월 1차 왕자의 난으로 세자에 책봉되었고, 다음 달 태조의 선위로 42세에 2대 왕으로 즉위했다. 1400년 1월 개경에서 2차 왕자의 난이 일어나자 11월에 태종에게 선위하고 상왕으로 물러났다. 63세에 세상을 떠나 묘호 없이 공정대왕으로 불리다가, 숙종 7년(1681)에 정종이라는 묘호가 추봉되었다. 부인 10명, 17남 8녀의 자녀가 있었다.

정안왕후는 김천서의 딸로 정종이 세자로 책봉되자 덕빈에 봉해졌고, 정종이 즉위하자 덕비에 올랐다. 정종에게 조속히 태종에게 양위할 것을 권하였다고 하며, 정종이 태종에게 선위하고 상왕이 되자 순덕왕대비가 되었다. 1412년 소생 없이 58세를 일기로 정종보다 7년 앞서 세상을 떠났다.

후릉은 고려 공민왕의 현정릉과 태조의 건원릉을 모범으로 삼았으며, 12면의 병풍석과 난간석을 둘렀다. 강변의 언덕에 세워졌고 홍살문, 참도, 정자각 등은 보이지 않는다. 조선 초기 왕들의 능은 모두 서울과 인근에 있으나 후릉은 경기도 개성에 있다.

<정종 후릉>

헌릉

헌릉獻陵은 3대 태종(1367~1422, 재위 1400~1418)과 원경왕후 민씨(1365~1420)의 쌍릉이다. 태종은 태조의 다섯째 아들로 이름은 방원이고, 조선 건국에 큰 역할을 했다. 1, 2차 왕자의 난으로 왕실을 평정하고 국가의 실권을 장악한 다음, 1400년 11월 34세에 왕위에 올랐다. 1405년에 개경에서 한양으로 다시 천도하였다. 1418년 세종에게 선위하고 상왕으로 물러난 지 4년 후, 56세로 승하하였다. 재위 18년, 부인 10명, 자녀 12남 17녀 29명으로 조선 왕 중 자녀 수가 가장 많다.

원경왕후는 민제의 딸로 1382년 18세에 이방원에게 출가하였다. 태조가 조선을 건국할 때 태종을 도왔고, 태종이 왕위에 오르는 데에도 중요한 역할을 하였다. 4대군과 4공주를 두었으며, 3남 충녕대군이 4대 세종이다. 56세에 세상을 떠났다.

헌릉은 두 개의 봉분이 나란히 있는 쌍릉으로 12면의 병풍석과 난간석을 둘렀다. 무덤 앞의 석물은 망주석을 제외하고는 모두 하나씩 더하여 두 개씩 배치되어 있다. 원경왕후가 세상을 떠나자 대모산 기슭에 능이 조성되었고, 2년 후 태종이 승하하자 원경왕후 오른쪽에 봉분이 조성되었다. 서울 서초구 내곡동에 있다.

<태종 헌릉>

영릉

영릉英陵은 4대 세종(1397~1450, 재위 1418~1450)과 소헌왕후 심씨(1395~1446)의 합장릉이다. 1418년 6월 양녕대군이 폐세자 되고 세자에 책봉되었으며, 그 해 8월 태종이 선위함으로 22세에 즉위하였다. 세종은 <훈민정음> 창제를 비롯하여 정치, 학문, 외교, 과학, 음악 등 각 분야에 중요한 업적을 많이 남겼다. 재위 32년, 54세에 승하하였다. 부인 6명, 18남 4녀의 자녀를 두었다.

소헌왕후는 심온의 딸로 1408년 14세에 세종과 가례를 올렸다. 1418년 6월 경빈, 세종이 즉위하자 공비가 되었다. 슬하에 8남 2녀를 두었으며 장남이 5대 문종, 차남이 7대 세조가 되는 수양대군이다. 52세에 세상을 떠나자 서울 내곡동 헌릉 서편에 쌍실로 영릉이 조성되었고, 4년 후 세종이 승하하자 오른쪽 석실에 합장되었다.

예종 1년(1469)에 현 위치로 옮겨졌다. 봉분 내부는 석실이 아닌 석회 다짐으로 마감했고, 병풍석 없이 난간석만 설치하였으며, 난간석에 12지상을 문자로 새겨 간소화하였다. 혼유석을 2개 설치하여 합장릉임을 나타냈다. 비각에는 신도비가 있으며 조선 왕릉 중 신도비가 세워진 것은 세종이 마지막이다. 경기도 여주시에 있다.

<세종 영릉>

현릉

현릉顯陵은 5대 문종(1414~1452, 재위 1450~1452)과 현덕왕후 권씨(1418~1441)의 동원이강릉이다. 문종은 세종의 장남으로 29세부터 세종을 대신하여 정사를 직접 맡았다. 1450년 2월 세종이 승하하자 조선 건국 이후 최초로 적장자로서 37세에 왕위에 올랐으나 재위 2년 3개월 만인 1452년 5월 39세로 경복궁에서 승하하였다. 부인 3명에 1남 2녀를 두었고 외아들이 단종이다.

현덕왕후는 권전의 딸로 1437년 세자빈에 책봉되었으나 4년 후, 아들 단종을 낳고 다음 날 24세의 나이로 운명하였다. 문종이 즉위한 후 왕후에 추봉되었으나 단종 복위 사건에 연루되었다 하여 세조 3년(1457)에 폐위되었다가 중종 8년(1513)에 복위되었다.

문종은 부왕 세종의 곁에 묻히기를 원해 영릉 옆에 능을 조영하려 했으나 능지가 좋지 않아 건원릉 남동쪽에 현릉이 조영되었다. 현덕왕후는 복위 다음 해 봄, 폐위된 지 57년 만에 남편 왕 곁으로 다시 돌아와 동원이강릉으로 조영되었다. 두 봉분 사이에 소나무들이 있었는데, 공사를 시작하자 소나무가 저절로 말라 죽어 두 봉분 사이를 가리지 않게 되었다는 이야기가 전해진다. 경기도 구리시 동구릉 경내에 있다.

<문종 현릉>

장릉

영월 장릉莊陵은 6대 단종(1441~1457, 재위 1452~1455)의 단릉이다. 단종은 문종의 외아들로 1452년 12세에 왕위에 올랐으나, 1455년 수양대군에게 선위하고 상왕이 되었다. 다음 해 성삼문 등이 단종의 복위를 도모하다 발각되어 모두 처형된 후, 1457년 노산군으로 강봉되어 강원도 영월에 유배되었다. 노산군에서 다시 서인으로 강등되었으며, 그 해 10월 17세에 영월에서 세상을 떠났다. 숙종 7년(1681년)에 대군에 추봉되었고, 숙종 24년(1698)에 왕으로 복위되었다. 부인 1명에 자녀는 없었다. 장릉은 조선 왕릉 중 가장 작고 간단하다. 강원도 영월에 있다.

사릉

사릉思陵은 단종비 정순왕후(1440~1521)의 단릉이다. 송현수의 딸로 단종 2년(1454) 왕비에 책봉되었으나, 단종이 노산군으로 강봉되자 군부인으로 강봉되었다가, 다시 노비의 신분으로 떨어졌다. 소생 없이 82세까지 홀로 어렵게 살았으며, 세종부터 중종까지 8명의 왕의 시대를 살았다. 단종 사후 241년 후, 단종이 복위되자 정순왕후로 추봉되었다. 경기도 남양주시에 있다.

<단종 장릉>

광릉

광릉光陵은 7대 세조(1417~1468, 재위 1455~1468)와 정희왕후 윤씨(1418~1483)의 동원이강릉이다. 세조는 세종의 차남으로 1452년 형 문종이 승하하고 조카 단종이 즉위했으나, 3년 후인 1455년 윤 6월에 단종으로부터 선위 받아 39세에 즉위했다. 세조는 업적도 있었으나 조카의 왕위를 찬탈했다는 비판을 피할 수 없다. 재위 13년, 52세로 승하하였고, 2명의 부인 사이에 4남 1녀를 두었다.

<세조 광릉>

<세조 광릉>

정희왕후는 윤번의 딸로 11세에 세조에게 출가하였다. 1453년 계유정란 때 세조가 망설이자 직접 갑옷을 입혀 보냈다는 이야기가 있다. 2년 후, 세조가 왕위에 오르자 왕비에 책봉되었다. 1469년 차남 예종이 재위 1년 2개월 만에 승하하자, 정희왕후는 20세로 일찍 세상을 떠난 장남 의경세자의 차남인 13세의 잘산군을 왕위에 올리니 9대 성종이다. 이후 대왕대비로 8년 동안 수렴청정을 하였다. 1483년 5월에 치료차 머물던 온양에서 66세로 세상을 떠났다. 자녀는 2남 1녀로 덕종으로 추존되는 의경세자와 8대 예종과 의숙공주다.

광릉은 조선 최초의 동원이강릉이다. 한 능역 안의 다른 두 언덕에 봉분을 별도로 조성하는 형태다. 세조 이전까지는 한 봉분 안에 왕과 왕비를 합장하는 합장릉이나 봉분 두 개를 나란히 두는 쌍릉으로 조성되었으나 이때에 이르러 새로운 형태가 시작된 것이다.

광릉은 홍살문에서 정자각에 이르는 길인 참도가 생략되었고, 정자각은 두 봉분의 중간에 하나만 세웠으며, 다른 왕릉보다 능침이 높게 조성되어 있다. 세조의 유언에 따라 봉분 안은 석실이 아닌 석회 다짐으로 마감했다. 병풍석은 없고 난간석 기둥에 12지상을 새겼다. 경기도 남양주시에 있고, 인근에 광릉임업시험림과 국립수목원이 있다.

<광릉 정희왕후릉>

창릉

창릉昌陵은 8대 예종(1450~1469, 재위 1468~1469)과 계비 안순왕후 한씨(1445~1498)의 동원이강릉이다. 예종은 형 의경세자가 일찍 타계하자 세조 3년(1457) 세자에 책봉되었다. 1468년 세조가 승하하자 19세에 왕위에 올랐으나 재위 1년 2개월 만에 승하했다. 부왕 세조의 죽음을 너무 애통해 했기 때문이라고 한다. 부인 2명, 2남 1녀를 두었다.

안순왕후는 한백륜의 딸로, 한명회의 딸이 세자빈이었으나 일찍 타계하자 세조 9년(1463)에 세자빈으로 책봉되었다가 예종이 즉위하자 왕비에 올랐다. 자녀는 제안대군과 한숙공주다. 연산군 4년(1498)에 54세로 세상을 떠났다. 경기도 고양시 서오릉 경내에 있다.

공릉

공릉恭陵은 예종의 원비 장순왕후(1445~1461)의 단릉이다. 한명회의 딸로 1460년에 예종과 가례를 올리고, 다음 해에 인성대군을 낳았으나 산후증으로 17세에 세상을 떠났고, 인성대군은 3살에 세상을 떠났다. 세자빈 신분으로 타계하여 세자빈묘로 조성되었고, 성종 3년(1472)에 왕후로 추존되었다. 경기도 파주시 파주 삼릉 경내에 있다.

<예종 창릉>

경릉

경릉敬陵은 9대 성종의 부친 추존 덕종(1438~1457)과 소혜왕후 한씨(1437~1504)의 동원이강릉이다. 덕종은 세조의 장남으로 세조가 왕위에 오른 1455년에 의경세자에 책봉되었으나, 2년 후 세조 3년(1457) 20세에 세상을 떠났다. 봉분은 왕이 우측, 왕비가 좌측에 있는 것이 원칙이나 경릉은 왕비가 우측, 왕이 좌측에 있다. 덕종은 세자일 때 세상을 떠났고 소혜왕후는 대비로 세상을 떠났기 때문이다.

소혜왕후는 한확의 딸로 21세 때 남편 의경세자가 세상을 떠나고, 32세 때 시동생인 예종이 즉위하였으나 다음 해 승하하자, 둘째 아들 잘산대군이 즉위하니 성종이다. 성종은 1471년 아버지 의경세자를 덕종으로 추존하고, 어머니는 인수왕대비로 진봉시켰다. 소혜왕후는 <여훈>을 편찬하여 부녀자 교육에 힘썼으며, 소생은 월산대군, 성종, 명숙공주다. 68세에 손자 연산군의 분노 속에 세상을 떠났다.

덕종은 세자의 신분으로 세상을 떠나 능에는 혼유석과 장명등과 문석인 한 쌍만 있으며, 이 능제는 이후 추존 왕릉의 모범이 되었다. 소혜왕후릉에는 12칸의 난간석이 있고 문석인과 무석인도 갖추어 다른 왕비릉과 다름이 없다. 경기도 고양시 서오릉 경내에 있다.

<덕종 경릉>

선릉

선릉宣陵은 9대 성종(1457~1494, 재위 1469~1494)과 계비 정현왕후 윤씨(1462~1530)의 동원이강릉이다. 성종은 세조의 장남 의경세자의 둘째 아들로 1468년 잘산군에 봉해졌다. 예종이 승하하자 13세에 왕위에 올랐고, 할머니 세조비 정희왕후가 8년 동안 수렴청정을 수행하였다. 재위 25년, 38세에 창덕궁 대조전에서 승하했으며, 12명의 부인 사이에 16남 12녀의 자녀를 두었다.

<성종 선릉>

<선릉 문석인>

<선릉 무석인>

성종에게는 세 명의 왕비가 있었다. 성종보다 먼저 세상을 떠난 원비 공혜왕후 한씨, 1479년 6월에 폐출되었다가 1482년 8월 사사된 연산군의 생모 폐비 제헌왕후 윤씨, 계비 정현왕후 윤씨다.

계비 정현왕후는 윤호의 딸로 제헌왕후가 폐출된 다음 해인 1480년 11월에 왕비로 책봉되었다. 69세에 세상을 떠났고 소생으로 중종과 신숙공주가 있다.

선릉은 동원이강릉으로 정자각에서 바라보면 왼쪽 언덕에 성종의 능이 있고 오른쪽 언덕에 정현왕후의 능이 있다. 성종릉에는 12지상이 새겨진 병풍석과 12칸의 난간석을 세웠으나 왕비릉에는 병풍석 없이 난간석만 있다. 서울 강남구 삼성동에 있다.

순릉

순릉順陵은 성종의 원비인 공혜왕후 한씨(1456~1474)의 단릉이다. 한명회의 딸로 1467년 12세에 가례를 올리고, 1469년 성종이 즉위하자 왕비에 올랐으나, 성종 5년(1474) 19세에 소생 없이 창덕궁에서 세상을 떠났다. 12칸의 난간석이 설치되었으며 능 구성은 다른 왕비릉과 다름이 없다. 경기도 파주시 파주 삼릉 경내에 있다.

<공혜왕후 순릉>

연산군묘

연산군묘燕山君墓는 10대 연산군(1476~1506, 재위 1494~1506)과 거창군부인 신씨(1476~1537)의 묘다. 연산군은 성종의 적장자였으며, 어머니는 후궁에서 왕비에 올랐다가 폐출된 제헌왕후 윤씨다. 19세에 즉위한 연산군은 재위 초부터 삼사의 유생들과 갈등을 빚었고, 생모 윤씨의 사망 경위를 알게 된 이후에는 폭정이 심해졌다. 재위 12년(1506) 9월에 중종반정으로 폐위되어 강화로 유배되었다가 2개월 후 30세로 타계했다. 4명의 부인과 4남 2녀의 자녀가 있었다.

거창군부인은 신승선의 딸로 폐비 신씨라고 한다. 성종 19년(1488)에 세자빈에 책봉되었고, 1494년 왕비로 진봉되었다. 중종반정으로 연산군과 함께 폐출되어 군부인으로 강봉되었다. 폐비는 연산군과 달리 인품과 덕이 있었으며, 연산군이 신씨의 충언에는 화를 내지 않았다고 한다. 중종은 신씨를 빈의 예로 대우하라고 했다. 62세에 세상을 떠났다.

연산군이 강화에서 세상을 떠나자 그곳에서 장례를 치렀으나, 1513년에 신씨의 간청으로 현재의 자리로 옮겨졌다. 쌍릉으로 서편에 연산군, 동편에 신씨가 묻혔으며 능역은 대군의 예로 갖추어졌다. 서울 도봉구 방학동에 있다.

<연산군묘>

정릉

정릉靖陵은 11대 중종(1488~1544, 재위 1506~1544)의 단릉이다. 중종은 성종의 2남으로 어머니는 정현왕후 윤씨, 연산군의 이복동생이다. 세 명의 왕비가 있었으며 원비는 신수근의 딸 단경왕후, 제 1계비 윤여필의 딸 장경왕후, 제 2계비 윤지임의 딸 문정왕후다.

1506년 9월 중종반정으로 연산군이 폐출되고 19세에 즉위했다. 중종은 연산군의 실정을 만회하고 학문을 진작하려 했으나 내외에 크고 작은 사건들이 끊이지 않았다. 1544년 11월 재위 38년, 57세로 창경궁에서 승하했다. 부인 12명, 9남 11녀의 자녀가 있었다.

중종의 정릉은 처음에는 경기도 고양시 서삼릉에 있는 제 1계비 장경왕후의 희릉 왼쪽 언덕에 조성되었다. 18년 후 1562년에 제 2계비 문정왕후는 자신이 장차 서울 강남구 삼성동에 묻힐 요량으로 서삼릉의 자리가 좋지 않다 하여 중종의 능을 삼성동으로 천장했다. 그러나 지대가 낮아 재실과 홍살문이 자주 침수되자 문정왕후는 자신의 능지를 삼성동이 아닌 노원구 공릉동으로 변경하였다. 중종과 세 왕비의 능이 모두 다른 곳에 있게 된 것이다. 왕비릉 없이 왕릉만 홀로 있는 경우는 태조와 단종, 그리고 중종뿐이다.

<중종 정릉>

온릉

온릉溫陵은 중종의 원비 단경왕후 신씨(1487~1557)의 단릉이다. 단경왕후는 신수근의 딸로 왕비 7일 만에 중종반정으로 폐위되었다. 아버지 신수근이 연산군의 처남으로 반정을 거부했기 때문이다. 폐위 후에 친가에 머물다 71세에 세상을 떠났고 소생은 없었다. 영조 15년(1739)에 왕후로 복위되었다.

온릉은 산지에 조성되어 지대가 높지만 능역은 넓은 평지다. 추봉된 왕비릉의 예에 따라 병풍석과 난간석, 무인석이 없고 석물을 반으로 줄였으며 봉분도 낮다. 경기도 양주시 장흥에 있다.

희릉

희릉禧陵은 중종의 제1계비 장경왕후 윤씨(1491~1515)의 단릉이다. 1515년 인종을 낳고 6일 만에 산후병으로 25세에 세상을 떠나자 경기도 고양시 서삼릉 경내에 희릉이 조영되었다. 중종이 승하하자 희릉 옆에 능을 조성하고 정릉이라 하자 장경왕후도 정릉을 능호로 사용하였다. 중종의 정릉이 삼성동으로 옮겨가자 장경왕후릉만 홀로 남게 되었으며, 능호도 본래의 이름인 희릉으로 돌아왔다.

<단경왕후 온릉>

태릉

태릉泰陵은 중종의 제 2계비 문정왕후 윤씨(1501~1565)의 단릉이다. 중종의 제 1계비 장경왕후가 세상을 떠나고 2년 후에 왕비에 책봉되었다. 1544년에 중종이 승하하고, 1545년 인종이 재위 8개월 만에 승하하자 문정왕후의 외아들인 명종이 12세에 즉위하였다. 문정왕후가 수렴청정을 시작했고, 1553년 8년 만에 수렴청정을 거두었으나 실권은 계속 장악하고 있었으며, 불교 중흥을 도모하였다. 65세에 세상을 떠났고, 소생으로 명종과 3명의 공주가 있었다.

문정왕후는 중종의 정릉을 서울 삼성동 봉은사 인근으로 옮기고 그 곁에 묻히고자 했다. 그러나 삼성동 능지가 좋지 않아 그곳으로 가지 못하고 현재의 자리에 능을 조성하였다. 태릉은 왕비릉이지만 어느 왕릉 못지 않게 크고 웅장하다. 12면의 병풍석과 난간석이 있으며, 문석인과 무석인은 크고 투박하다. 서울 노원구 공릉동에 있다.

<문정왕후 태릉>

<문정왕후 태릉>

효릉

효릉孝陵은 12대 인종(1515~1545, 재위 1544~1545)과 인성왕후 박씨(1514~1577)의 쌍릉이다. 인종은 중종의 장남으로 어머니는 장경왕후다. 장경왕후가 인종을 낳고 운명하니, 인종은 계모 문정왕후의 적대적 대우를 받으며 자랐다. 1544년 중종이 승하하자 30세에 왕위에 올랐으나 재위 9개월 만에 31세로 갑자기 승하했다. 부인 3명, 자녀는 없었다.

인성왕후는 박용의 딸로 중종 19년(1524) 11세에 세자빈에 책봉되었고, 1544년 11월 인종의 즉위로 왕비가 되었다. 인종 승하 후 32년 동안 자식 없이 홀로 살다가 선조 10년(1577) 경복궁에서 64세로 세상을 떠났다. 인종과 인성왕후는 성품이 인자하였으며 계모인 문정왕후에게도 효심이 깊었다고 한다. 그러한 이유로 능호가 효릉이다.

인종은 부모님 곁에 묻어달라는 유언을 남겨 중종과 어머니 장경왕후의 정릉 옆에 효릉이 조성되었다. 1562년 부왕 중종의 정릉은 삼성동으로 옮겨갔지만, 어머니 장경왕후의 희릉과 인종의 효릉은 그 자리에 남았다. 1577년에 인종비 인성왕후가 세상을 떠나자 효릉에 쌍릉으로 조영되었다. 어머니와 아들 부부가 함께 있게 된 것이다. 경기도 고양시 원당동 서삼릉 경내에 있다.

<인종 효릉>

강릉

강릉康陵은 13대 명종(1534~1567, 재위 1545~1567)과 인순왕후 심씨(1532~1575)의 쌍릉이다. 명종은 중종의 둘째 적자로 어머니는 문정왕후, 인종의 이복동생이다. 1545년 12세에 왕위에 올랐으나 문정왕후가 수렴청정을 수행했고, 1553년에 친정을 선포했으나 모후의 위세에 눌려 한계에 부닥쳤다. 재위 22년, 34세로 경복궁에서 승하했다. 부인은 7명이었으나 자녀는 순회세자 1명뿐이었다.

인순왕후는 심강의 딸로 11세에 부부인이 되었고 1545년에 14세에 왕비로 책봉되었다. 소생으로 13세에 세상을 떠난 순회세자가 있었다. 명종은 후사 없이 승하하고, 대비가 된 인순왕후는 명종이 의중에 두고 있던 명종의 이복형이며 중종의 일곱째 아들인 덕흥대원군의 셋째 아들 하성군을 입양시켜 왕위에 오르게 하니 선조다. 선조 8년(1575)에 창경궁 통명전에서 44세를 일기로 세상을 떠났다.

강릉은 모후 문정왕후의 태릉 동쪽에 조성되었고, 인순왕후가 세상을 떠나자 명종 좌측에 쌍릉으로 조성되었다. 두 봉분 모두 병풍석과 난간석을 두르고 있고, 문석인과 무석인은 머리가 크고 투박하다. 능의 규모가 모후의 태릉에 비해 작고 빈약하다. 서울 노원구 공릉동에 있다.

<명종 강릉 석인>

목릉

목릉穆陵은 14대 선조(1552~1608, 재위 1567~1608)와 원비 의인왕후 박씨(1555~ 1600), 계비 인목왕후 김씨(1584~1632)의 동원이강릉이다. 선조는 명종 7년(1552)에 덕흥대원군의 3남으로 태어나 1567년 7월 명종이 후사 없이 승하하자 16세에 즉위했다. 명종 말부터 심해진 붕당정치와 옥사 등으로 국력이 약해진 가운데 임진왜란이 일어나 전국이 황폐해지고 민생이 극도의 어려움을 겪었다. 1608년 재위 41년, 57세에 경운궁에서 승하하였다. 부인 8명, 자녀는 14남 11녀였다.

의인왕후는 박응순의 딸로 16세에 왕비에 책봉되었다. 슬하에 자녀가 없어 후궁의 자녀들을 잘 돌보았다. 정유재란 때는 선조와 떨어져 광해군과 함께 피난길에 올랐으며, 임진왜란이 끝나도 한양으로 돌아오지 못하다가 1599년에야 돌아왔다. 다음 해 경운궁에서 46세로 세상을 떠났으나 임진왜란 후 첫 국장으로 장지를 정하지 못하다가 건원릉 동쪽으로 결정되어 사후 6개월 만에 장례를 마쳤다.

인목왕후는 김제남의 딸로 의인왕후가 세상을 떠나고 2년 후 선조 35년(1602)에 왕비로 책봉되어 1606년에 적자 영창대군을 낳았다. 당시 소북정권은 영창대군을 왕위에 추대하려 하였으나 2년 후 선조가 갑자

<선조 목릉>

기 승하함으로 광해군이 즉위하였다. 인목왕후는 광해군 즉위 후 인목대비가 되었다. 광해 5년(1613)에 계축옥사로 아버지 김제남이 사사되고, 영창대군은 폐서인이 되었다가 다음 해 9살의 나이에 죽임을 당하였다. 5년 후에는 대비 호칭이 삭탈되고 서궁이라 하여 경운궁에 유폐되었다. 1623년에 인조반정으로 광해군이 폐출되고 인조가 즉위하자 대왕대비로 복위되었다. 인조 10년(1632)에 49세로 세상을 떠났으며, 소생으로 영창대군과 정명공주가 있었다.

원비 의인왕후가 세상을 떠나자 현재의 자리인 동구릉 동쪽 끝에 유릉이 조성되었다. 1608년에 선조가 승하하자 건원릉 서쪽에 목릉이 조성되었으나 물기가 차고 터가 좋지 않아 현재의 자리로 천장되었고, 1630년에 유릉과 목릉을 합하여 목릉이라 하였다. 1632년 계비 인목왕후가 세상을 떠나자 현재의 자리에 혜릉이 조성되었고, 후에 목릉과 혜릉의 능역을 합쳐 현재의 모습이 되었다.

목릉은 동원이강릉으로 정자각에서 바라보면 왼쪽 능이 선조, 가운데 의인왕후, 조금 떨어진 오른쪽에 인목왕후의 능이 있다. 두 왕비의 능은 모두 병풍석이 생략되어 있다. 정자각은 선조의 능을 향해 있으며, 참도는 세 능으로 모두 뻗어 있다.

<선조 목릉>

광해군묘

광해군묘光海君墓는 15대 광해군(1575~1641, 재위 1608~1623)과 문성군부인 유씨(1576~1623)의 묘다. 광해군은 선조와 공빈 김씨의 둘째 아들로, 1592년 임진왜란 중에 피난지 평양에서 왕세자에 책봉되었고, 왜란 중에는 분조 활동을 전개했다. 1608년 선조가 승하하자 34세에 왕위에 올라 전후 복구에 힘쓰고, 명과 후금 사이에서 외교적 균형을 유지하기 위해 노력했다.

1623년에 서인이 일으킨 인조반정으로 광해군으로 강봉되어 강화도로 유배되었다가 다시 제주도로 옮겨져 유배 18년째인 1641년에 제주도에서 67세로 세상을 떠났다. 광해군 재위 15년 동안은 대북파가 정권을 장악했고 서인과의 당쟁이 심했다. 부인은 10명, 1남 1녀를 두었다.

폐비 유씨는 유자신의 딸로 광해군이 왕위에 오르자 왕비가 되었다. 인조반정으로 문성군부인으로 강봉되어 강화도에 유배되었다가 다음 해 세상을 떠났다.

문성군부인이 강화도에서 세상을 떠나자 지금의 자리에 묘를 조성하였고, 광해군이 세상을 떠나자 부인 오른쪽에 묘를 조성하고 문석인, 장명등, 망주석, 묘표석 등을 세웠다. 경기도 남양주시에 있다.

<광해군묘>

장릉

김포 장릉章陵은 16대 인조의 부친 추존 원종(1580~1619)과 인헌왕후 구씨(1578~1626)의 쌍릉이다. 원종은 선조의 5남으로 선조 20년(1587)에 정원군에 책봉되었다. 1623년 인조반정으로 장자 능양군이 왕위에 오르자 대원군이 되었고 1632년에 추존되었다. 선조의 14 아들 중 성격이 난폭했다는 세 명 중 한 명이다. 인헌왕후는 구사맹의 딸로 원종과 함께 추존되었다. 봉분은 낮은 호석만 둘렀으며, 경기도 김포시에 있다.

<원종 장릉>

<원종 장릉>

장릉

파주 장릉長陵은 16대 인조(1595~1649, 재위 1623~1649)와 원비 인열왕후 한씨(1594~1635)의 합장릉이다. 인조는 선조 40년(1607)에 능양군에 봉해졌고, 1623년 4월 인조반정으로 29세에 경운궁에서 즉위했다. 병자호란을 겪었으며, 1649년 5월 창덕궁 대조전에서 재위 26년, 55세로 승하하였다. 5명의 부인 사이에 6남 1녀를 두었다.

인열왕후는 한준겸의 딸로 1610년 능양군에 출가하여 청성현부인이 되었고, 인조반정으로 30세에 왕비에 올랐다. 42세에 출산 중 세상을 떠났으며 소현세자, 효종, 인평대군, 용성대군 4남을 두었다.

장릉은 본래 파주시 북운천리에 인열왕후와 인조의 능으로 조성되었으나, 영조 7년(1731) 경기도 파주시 지금의 위치로 옮겨졌다.

휘릉

휘릉徽陵은 인조의 계비 장렬왕후 조씨(1624~1688)의 단릉이다. 조창원의 딸로 15세에 인조의 계비로 책봉되었고, 인조가 승하하자 대비, 효종 2년(1651)부터 자의대비라 불리었다. 숙종 14년(1688) 창경궁에서 자녀 없이 65세에 세상을 떠났다. 경기도 구리시 동구릉 경내에 있다.

<인조 장릉>

영릉

영릉寧陵은 17대 효종(1619~1659, 재위 1649~1659)과 인선왕후 장씨(1618~1674)의 동원상하릉이다. 효종은 인조와 인열왕후의 둘째 아들로 인조 4년(1626)에 봉림대군에 책봉되었다. 병자호란 다음 해부터 형 소현세자와 함께 8년 간 청에 볼모로 잡혀 있었다. 1645년에 소현세자가 귀국 후 갑자기 사망하자 세자에 책봉되었고, 1649년 인조가 승하하자 31세에 즉위했다. 은밀히 북벌계획을 추진했으나 재위 10년, 41세로 승하하여 북벌계획은 중단되었다. 부인 4명, 1남 7녀를 두었다.

인선왕후는 장유의 딸로 1631년 14세에 봉림대군에게 출가하였다. 1646년 3월 소현세자빈이 사사된 후 세자빈으로 책봉되었고, 효종이 왕위에 오르자 왕비에 올랐다. 효종 못지않은 북벌론자였으며, 57세로 세상을 떠났다. 현종과 6명의 공주를 두었다.

영릉은 처음에는 동구릉의 건원릉 서쪽에 조영되었으나 석물에 틈이 생겨 빗물이 들어갈 염려가 있다 하여 현종 14년(1673)에 지금의 자리로 옮겨졌다. 다음 해에 인선왕후가 타계하자 왕릉 앞에 능을 조성하여 능이 좌우에 있지 않고 위아래로 있게 되었으며, 곡장은 효종릉 뒤에만 있다. 이는 조선 왕릉 중 최초의 형식이다. 경기도 여주시에 있다.

<효종 영릉>

숭릉

숭릉崇陵은 18대 현종(1641~1674, 재위 1659~1674)과 명성왕후 김씨(1642~1683)의 쌍릉이다. 현종은 병자호란 후 효종과 인선왕후가 청 심양에 인질로 있을 때 태어나 유일하게 조선 밖에서 태어난 왕이다. 4세 때 청에서 귀국했고, 다음 해 소현세자가 갑자기 사망하자 아버지 봉림대군이 세자로 책봉되고, 세손이 되었다. 1649년 5월에 인조가 승하하고 봉림대군이 왕위에 오르자 세자에 책봉되었고, 1659년 5월 효종 승하에 19세에 왕위를 이었다. 현종은 부왕 효종의 북벌정책이 현실성이 없다고 판단해 중단했다. 재위 15년, 34세로 창덕궁 대조전에서 승하했고, 부인은 명성왕후 1명이며 자녀는 숙종과 세 공주다.

명성왕후는 김우명의 딸로 효종 2년(1651)에 세자빈에 책봉되었으며 1659년 현종 즉위로 왕비에 올랐다. 숙종 초년에는 수렴청정을 수행했으며, 성격이 과격하고 정사에 간여하여 비판을 받기도 했다. 숙종 9년(1683) 12월 창경궁에서 42세로 세상을 떠났다.

숭릉은 왕릉과 왕비릉 모두 병풍석 없이 난간석으로 연결되어 있고, 봉분 앞에 혼유석이 하나씩 놓여 있다. 숭릉의 정자각은 조선 왕릉 중 유일하게 남은 팔작지붕이다. 경기도 구리시 동구릉 경내에 있다.

<현종 숭릉>

명릉

명릉明陵은 19대 숙종(1661~1720, 재위 1674~1720)과 제 1계비 인현왕후 민씨(1667~1701), 제 2계비 인원왕후 김씨(1687~1757)의 동원이강릉이다. 숙종과 인현왕후의 능은 쌍릉이고, 인원왕후의 능은 다른 언덕에 단릉으로 조성되어 있다. 숙종은 세 명의 왕비 외에 20대 경종을 낳은 희빈 장씨, 21대 영조를 낳은 숙빈 최씨, 명빈 박씨 등의 후궁이 있었다. 숙종은 현종의 외아들로 어머니는 명성왕후다. 1674년 현종이 승하하자 14세에 창덕궁에서 즉위하여, 재위 46년 60세에 승하했다. 부인 9명에 6남 2녀를 두었다.

제 1계비 인현왕후는 민유중의 딸로 1680년 원비 인경왕후가 세상을 떠나자 다음 해 15세에 왕비가 되었다. 1689년 희빈 장씨의 무고로 폐위되었다가 1694년 복위되었고, 7년 후 35세로 자녀 없이 세상을 떠났다. 현재의 위치에 명릉이 조영되었으며, 숙종은 능의 오른쪽을 비워두라고 전교했고, 숙종이 승하하자 인현왕후 오른쪽에 묻혔다.

제 2계비 인원왕후는 김주신의 딸로 1702년 16세에 왕비로 책봉되었으며 당시 숙종은 42세였다. 인원왕후는 사후에 숙종 곁에 묻히기를 원해 명릉에서 4백여 보 떨어진 언덕에 자신의 능지를 미리 잡아두었다.

<숙종 명릉>

인원왕후가 영조 33년(1757)에 소생 없이 71세로 세상을 떠나자, 영조는 미리 정해진 자리보다 숙종릉에 더 가까운 지금의 자리에 모셨다.

명릉은 숙종의 명에 따라 능역에 드는 인력과 비용을 줄여 조영되었다. 이 제도는 조선 왕릉제의 분수령이 되어 <국조속오례의 산릉의>의 골자가 되었고 조선 후기의 <국조상례보편 산릉의>의 기초가 되었다. 경기도 고양시 서오릉 경내에 있다.

익릉

익릉翼陵은 19대 숙종의 원비 인경왕후 김씨(1661~1680)의 단릉이다. 김만기의 딸로 11세에 세자빈으로 책봉되었고, 1674년 숙종이 즉위하자 14세에 왕비에 올랐으나 20세에 천연두로 세상을 떠났다. 두 딸을 두었으나 모두 일찍 타계했다. 숙종은 능제를 단순화하고 석물을 간소하게 제작하도록 명했으나, 익릉은 그 이전에 조영된 능이므로 기본적으로 <국조오례의>의 제도에 따르고 부분적으로 임진왜란 이후의 양식을 따르고 있다. 병풍석 없이 난간석을 둘렀고 석물들은 장대한 모습을 하고 있으며 다른 왕릉과 다르게 석주가 아닌 동자석 상단부에 12지를 새겨 놓았다. 경기도 고양시 서오릉 경내에 있다.

<인경왕후 익릉>

의릉

의릉懿陵은 20대 경종(1688~1724, 재위 1720~1724)과 계비 선의왕후 어씨(1705~1730)의 동원상하릉이다. 경종은 숙종의 장남으로 생모는 희빈 장씨며 14세 때 생모가 사사되었다. 1720년 숙종이 승하하자 33세에 즉위했으나 재위 4년 만에 승하했다. 부인 2명, 자녀는 없었다.

선의왕후는 어유구의 딸로 1718년에 세자빈 심씨가 세상을 떠나자 세자빈에 책봉되었고, 경종이 왕위에 오르자 16세에 왕비에 올랐다. 영조 6년(1730)에 경덕궁에서 26세로 소생 없이 세상을 떠났다.

의릉은 능침이 위아래로 있는 동원상하릉이다. 뒤에 곡장이 있는 봉분이 경종릉이고 앞의 봉분이 선의왕후릉으로, 두 봉분 모두 병풍석 없이 난간석만 둘렀다. 서울 성북구 석관동 천장산 아래에 있다.

혜릉

혜릉惠陵은 20대 경종의 원비 단의왕후 심씨(1686~1718)의 단릉이다. 심호의 딸로 11세에 세자빈으로 간택되었으나 경종이 즉위하기 2년 전 소생 없이 33세에 세상을 떠났다. 경종이 즉위하자 왕비로 추봉되었다. 경기도 구리시 동구릉 경내에 있다.

<경종 의릉>

원릉

원릉元陵은 21대 영조(1694~1776, 재위 1724~1776)와 계비 정순왕후 김씨(1745~1805)의 쌍릉이다. 영조는 숙종의 둘째 아들로 어머니는 숙빈 최씨다. 숙종 25년(1699)에 연잉군에 봉해졌다. 경종의 건강이 좋지 않고 후사가 없자 경종 1년(1721)에 왕세제에 책봉되었으며, 경종이 승하하자 31세에 즉위하였다. 많은 치적을 남겼으며, 재위 기간 동안 여덟 차례에 걸쳐 능원을 조성하거나 천장할 만큼 능제에도 관심이 깊었다. 아들 장헌세자를 뒤주에 가두어 죽게 하고 사후에 사도세자라는 시호를 내렸다. 영조는 조선의 왕 중 가장 장수하여 83세까지 천수를 누렸으며, 재위 기간도 가장 긴 52년이었다. 1776년 3월 경희궁에서 승하했고, 6명의 부인 사이에 2남 7녀를 두었다.

정순왕후는 김한구의 딸로 정성왕후가 세상을 떠나자 2년 후 1759년 15세에 66세인 영조의 계비가 되었다. 영조의 아들 장헌세자와 세자빈 혜경궁 홍씨보다 열 살 아래였다. 영조가 승하했을 때 32세였고, 정조가 승하했을 때 56세였다. 11세의 순조가 즉위하자 수렴청정을 시작했으며, 사도세자에게 동정적이었던 인물들을 숙청했다. 순조 5년(1805) 61세에 소생 없이 창덕궁에서 세상을 떠났다.

<영조 원릉>

영조는 원비 정성왕후의 서오릉 홍릉을 자신의 능지로 정해 오른편을 비워두도록 명하고 쌍릉 형식으로 조영하였으며, 석물도 훗날 자신의 능이 조성될 것을 염두에 두고 배치했다. 1776년에 영조가 승하하자 정조는 동구릉의 건원릉 서쪽에 영조의 원릉을 조성했고, 정순왕후가 세상을 떠나자 영조릉 옆에 쌍릉으로 조성하였다. 이곳은 원래 효종의 영릉이 있던 곳으로 능지가 좋지 않다 하여 여주로 천봉하였으나 아무 이상이 없어 원릉이 조영되었다. 병풍석 없이 난간석을 둘렀고 혼유석이 능 앞에 하나씩 놓여 있다. 이전까지는 봉분 아래가 초계, 중계, 하계 3단으로 이루어졌으나 이때부터 중계와 하계 사이의 장대석을 없애고 2단으로 줄여 문석인과 무석인을 같은 단에 배치하였다.

홍릉

홍릉弘陵은 영조의 원비 정성왕후(1692~1757)의 단릉이다. 서종제의 딸로 숙종 30년(1704) 13세에 영조와 가례를 올렸고, 경종 1년(1721) 세제빈에 책봉되었으며, 1724년 33세에 왕비에 올랐다. 영조 33년(1757) 66세를 일기로 소생 없이 세상을 떠났다. 홍릉의 영조릉으로 예정되었던 자리는 빈자리로 남아 있다. 고양 서오릉 경내에 있다.

<정성왕후 홍릉>

영릉

영릉永陵은 추존왕 진종(1719~1728)과 효순왕후 조씨(1715~1751)의 쌍릉이다. 진종은 영조의 맏아들로 어머니는 정빈 이씨, 사도세자의 이복형이다. 1724년 6세에 경의군에 봉해지고 이듬해 효장세자에 책봉되었으나 1728년 10세에 창경궁에서 세상을 떠났다. 사도세자가 세자에 책봉되었으나 사도세자마저 즉위하지 못하고 세상을 떠나자 사도세자의 장남이 그에게 입양되었다. 입양된 사도세자의 장남이 1776년에 즉위하니 정조다. 정조 즉위 후에 효장세자는 진종으로 추존되었다.

효순왕후는 조문명의 딸로 영조 3년(1727) 13세에 효장세자와 가례를 올렸으나 다음 해에 효장세자가 세상을 떠났다. 사도세자의 장남을 입양하여 승통세자빈의 호를 받았고, 영조 27년(1751) 소생 없이 37세에 세상을 떠났다. 정조 즉위 후에 왕비로 추존되었다.

영릉에는 병풍석과 난간석은 설치되지 않았고 봉분 앞에 혼유석이 하나씩 놓여 있으며 문석인과 장명등은 있으나 무석인은 세우지 않았다. 왕과 왕후로 추존되기 전, 세자와 세자빈 무덤으로 조성되었을 때의 모습 그대로며 추존 후에도 추가의 설치를 하지 않았다. 경기도 파주시 파주삼릉 경내에 있다.

<진종 영릉>

융릉

융릉隆陵은 22대 정조의 부친 추존 장조(1735~1762)와 헌경왕후 홍씨(1735~1815)의 합장릉이다. 장조는 영조의 둘째 아들로 어머니는 영빈 이씨다. 영조의 큰 아들 효장세자가 일찍 세상을 떠나자 1736년 영조비 정성왕후의 양자로 입양되어 장헌세자에 책봉되었다. 장헌세자의 불미스러운 행동들이 노출되자, 영조의 명에 위해 뒤주에 갇혀 8일 만에 세상을 떠났다. 영조는 사도세자라는 시호를 내리고 사도세자의 아들인 세손 정조를 후계자로 삼았다.

헌경왕후는 홍봉한의 딸로 영조 20년(1744) 10세에 세자빈으로 책봉되었다. 1762년 남편 장헌세자의 죽음을 지켜봐야 했다. 정조 즉위 후에 혜경궁이라는 궁호를 받았다. 회고록인 <한중록>을 썼고, 순조 15년(1815)에 81세를 일기로 세상을 떠났다. 소생은 2남 2녀로 장남은 3살에 세상을 떠났고 차남이 정조, 두 공주가 있다.

사도세자는 처음 배봉산 아래 묻혀 수은묘라 하였으나 정조 즉위 후에 영우원으로 이름을 올렸다. 1789년에 지금의 위치로 이장되어 현륭원으로 이름이 바뀌었고, 1815년에 헌경왕후를 합장하였다. 1899년 묘호를 장조로 추존하고 능호를 융릉이라 하였다. 경기도 화성시에 있다.

<장조 융릉>

건릉

건릉健陵은 22대 정조(1752~1800, 재위 1776~1800)와 효의왕후 김씨(1753~1821)의 합장릉이다. 정조는 장헌세자와 혜경궁 홍씨의 차남으로 1776년 영조가 승하하자 25세에 왕위에 올랐다. 정조는 각 분야에 괄목할 만한 치적을 남겼고, 당쟁의 희생이 된 아버지의 예를 보며 강력한 군주가 되기 위해 노력했다. 자신의 저작물을 정리하여 <홍재전서>를 남겼다. 1800년 재위 24년 49세로 승하했고, 5명의 부인 사이에 2남 2녀를 두었다.

효의왕후는 김시묵의 딸로 10세에 세손빈에 책봉되었다. 영조의 계비 정순왕후와 시어머니 혜경궁 홍씨를 잘 섬겼고, 평소에 검소하게 지냈으며, 수차에 걸쳐 존호를 올렸으나 사양했다. 슬하에 소생이 없어 수빈 박씨의 아들을 입양하여 왕세자로 삼았고, 69세에 세상을 떠났다.

정조는 자신의 능을 아버지의 능인 융릉 동쪽으로 하라는 유언을 남겨 건릉이 조영되었으나, 효의왕후 타계 후 위치가 좋지 않다 하여 융릉 서쪽 언덕으로 이장하고 합장릉으로 조영하였다. 융릉은 병풍석만 있고 난간석이 없으나, 건릉은 병풍석이 없고 난간석만 있다. 전체적으로 융릉의 예를 따라 두 능은 매우 유사하다. 경기도 화성시에 있다.

<정조 건릉>

인릉

인릉仁陵은 23대 순조(1790~1834, 재위 1800~1834)와 순원왕후 김씨(1789~1857)의 합장릉이다. 순조는 정조의 둘째 아들로 어머니는 수빈 박씨다. 1800년 정조가 승하하자 11세에 창덕궁에서 즉위했다. 영조의 계비 대왕대비 정순왕후가 수렴청정을 시작하여 1804년 12월에 거두었다. 재위 34년, 45세에 승하했고, 2명의 부인 사이에 1남 4녀를 두었다. 외아들이 효명세자다.

순원왕후는 안동 김씨 김조순의 딸로 1802년 왕비에 책봉되었다. 1834년 순조가 승하하고 효명세자의 아들인 손자 헌종이 즉위하자 대왕대비에 진봉되어 수렴청정을 시작하였다. 1849년 헌종이 승하하고 철종이 즉위한 후에도 수렴청정은 계속되었다. 69세에 창덕궁에서 세상을 떠났다. 소생으로 1남 3녀가 있었으나 모두 순원왕후보다 먼저 세상을 떠났고, 손자 헌종도 순원왕후보다 먼저 세상을 떠났다.

1834년 순조가 승하하자 파주 장릉 곁에 인릉을 조영하였으나 능지가 좋지 않다 하여 철종 7년(1856)에 본래 세종의 영릉이 있었던 서초구 내곡동 헌릉 오른편으로 천장했다. 다음 해 순원왕후가 세상을 떠나자 합장했으며, 병풍석 없이 난간석을 두르고 혼유석은 하나만 두었다.

<순조 인릉>

수릉

수릉綏陵은 24대 헌종의 부친 추존왕 익종(1809~1830)과 신정왕후 조씨(1808~1890)의 합장릉이다. 익종은 순조의 장남으로 어머니는 순원왕후다. 4세에 효명세자로 책봉되었고 19세에 대리청정을 수행했으나 3년만인 1830년에 22세에 세상을 떠났다. 1834년 순조가 승하하고 효명세자의 아들 헌종이 즉위했다. 헌종은 아버지 효명세자를 익종으로 추존하고 능호를 수릉이라 하였다.

신정왕후는 조만영의 딸로 12세에 세자빈이 되었고, 1827년에 헌종을 출산하였다. 아들 헌종이 즉위하고 남편 효명세자가 익종으로 추존되자 왕대비가 되었고, 순조비 순원왕후가 세상을 떠나자 대왕대비가 되었다. 철종이 후사 없이 승하하자 흥선군의 둘째 아들을 양자로 삼아 즉위케 하니 고종이다. 83세에 경복궁에서 세상을 떠났다.

효명세자의 묘는 처음 서울 성북구 의릉 왼쪽 언덕에 조영되어 연경묘라고 했다. 헌종 13년(1847)에 자리가 좋지 않다 하여 양주 용마산 아래로 옮겼다가 철종 6년(1855)에 다시 건원릉 왼쪽으로 옮겼다. 신정왕후가 세상을 떠나자 합장했으며 봉분 하나에 혼유석도 하나다. 구리시 동구릉 경내에 있으며, 동구릉에 조성된 마지막 왕릉이다.

<익종 수릉>

경릉

경릉景陵은 24대 헌종(1827~1849, 재위 1834~1849)과 원비 효현왕후 김씨(1828~1843), 계비 효정왕후 홍씨(1831~1904)의 삼연릉이다. 조선의 왕릉 중 삼연릉은 경릉뿐이다. 헌종은 효명세자와 세자빈 조씨의 외아들로, 4세 때 아버지 효명세자가 타계하고 그 해 왕세손에 책봉되었다. 1834년 할아버지 순조가 승하하자 8세에 즉위했으며 정국은 할머니 순조비 순원왕후가 주도했다. 14세 때부터 친정을 시작했으나, 세도정치는 심화되고 국정은 어렵게 운영되었다. 재위 15년 23세에 승하했고, 부인 3명에 자녀는 없었다.

효현왕후는 김조근의 딸로 10세에 왕비로 책봉되었으나 헌종 9년(1843)에 16세로 타계했다. 계비 효정왕후는 홍재룡의 딸로 14세에 왕비로 책봉되었고 고종 41년(1904) 74세로 소생 없이 세상을 떠났다.

경릉은 원래 효현왕후의 능이었다. 6년 후 헌종이 승하하자 우왕좌비의 원칙에 따라 경릉 오른쪽 서편에 모셨고, 계비 효정왕후가 타계하자 왼쪽 동편에 모심으로 세 개의 봉분이 나란히 있게 되었다. 곡장 안의 세 봉분 모두 병풍석 없이 난간석으로 이어져 있으며, 각 봉분 앞에 혼유석이 하나씩 놓여 있다. 경기도 구리시 동구릉 경내에 있다.

<헌종 경릉>

예릉

예릉睿陵은 25대 철종(1831~1863, 재위 1849~1863)과 철인왕후 김씨(1837~1878)의 쌍릉이다. 철종은 정조의 이복동생 은언군의 아들 전계대원군 이광의 셋째 아들로 어머니는 용성부대부인 염씨, 초명은 원범이고, 강화도에서 농사를 짓고 있었다.

1849년 헌종이 후사 없이 승하하자 대왕대비 순원왕후의 명으로 19세에 왕위에 올랐다. 정치와 학문을 제대로 알지 못해 문란한 국정과 어려운 민생은 개선되지 못했다. 재위 14년 33세에 승하하였고, 8명의 부인 사이에 5남 1녀를 두었으나 아들들은 모두 일찍 타계했다.

철인왕후는 김문근의 딸로 철종 2년(1851)에 왕비에 책봉되었다. 순원왕후의 가까운 인척이었다. 철종이 승하하고 고종이 즉위하자 왕대비가 되었으며 1878년 창경궁에서 42세로 승하하였다. 철인왕후 생전에 안동 김씨의 세도정치는 절정을 이루었다.

예릉은 병풍석 없이 난간석만 설치되었으며 봉분 앞에 혼유석이 하나씩 놓여 있다. 참도는 2단이 아닌 3단으로 조성되었으며, 장명등의 위치와 형태가 독특하고, 정자각은 웅장하다. 경기도 고양시 서삼릉 경내에 있다.

<철종 예릉>

홍릉

홍릉洪陵은 26대 고종(1852~1919, 재위 1863~1907)과 명성황후 민씨(1851~1895)의 합장릉이다. 고종은 흥선대원군 이하응의 둘째 아들로 어머니는 여흥부대부인 민씨, 초명은 명복이었다. 1863년 철종이 후사 없이 승하하자 조대비의 양자가 되어 12세에 즉위하였다.

1873년 고종은 대원군으로부터 독립하고자 친정을 선포했다. 1897년 2월 경운궁으로 옮긴 고종은 10월에 대한제국을 선포하고 황제위에 올랐으나 1907년 순종에게 선위하고 태황제가 되었다. 1910년 8월 조선이 일제에 합병된 후, 1919년 1월 덕수궁 함녕전에서 재위 44년, 68세로 승하하였다. 부인은 7명이었으며 6남 1녀를 두었다.

명성황후는 민치록의 딸로 8세에 아버지를 잃었다. 대원군의 부인인 여흥부대부인의 천거로 1866년 16세에 고종과 가례를 올렸다. 고종의 친정이 시작되자 명성황후의 정치적 역할이 커졌다. 1895년 10월에 건청궁에서 일본인에게 시해되니 향년 45세였다. 11월에 서울 청량리의 홍릉에 안장되었다가 2년 후 1897년 대한제국 선포 후에 국장이 치러지고 명성황후로 추봉되었다. 생후 5일 만에 죽은 아들이 있었고, 둘째 아들이 순종이다.

<홍유릉>

고종의 홍릉은 최초의 황제릉으로 조선의 왕릉과는 다르게 조성되었다. 꽃무늬를 새긴 12면의 병풍석을 두르고 12칸의 난간석을 설치하였으며, 봉분 주위에 석양과 석호는 두지 않았다. 정자각 대신 정면 5칸 측면 4칸의 일자형 팔작지붕 침전을 두었다. 홍살문에서 침전에 이르는 참도 양쪽 옆으로 돌로 만든 동물상과 장대한 문석인과 무석인을 배치하였다. 3월에 능이 조영되었고 청량리에 있던 명성황후의 능을 이장하여 합장하였다. 경기도 남양주시 금곡동에 있다.

<고종 홍릉>

<고종 홍릉>

유릉

유릉裕陵은 27대 순종(1874~1926, 재위 1907~1910)과 원비 순명효황후 민씨(1872~1904), 계비 순정효황후 윤씨(1894~1966)의 합장릉이다. 순종은 고종과 명성황후의 둘째 아들로, 출생 다음 해에 세자로 책봉되었다. 1907년 7월 일제의 강압에 의해 고종의 선위를 받아 34세에 황제위에 올랐으나 3년 후인 1910년 조선이 일제에 합병되므로 이름뿐인 왕이 되었다. 1926년 4월 창덕궁 대조전에서 53세로 승하하였으며, 부인 2명, 자녀는 없었다.

순명효황후는 민태호의 딸로 11세에 세자빈으로 책봉되었고, 1897년 황태자비로 진봉되었다. 1904년 33세로 세상을 떠나 서울 광진구 능동에 유릉이 조영되었다가 순종 승하 후 금곡동으로 옮겨져 합장되었다.

순정효황후는 윤택영의 딸로 1906년 13세에 동궁 계빈으로 책봉되었고, 다음 해 순종의 즉위로 황후가 되었다. 1926년 순종 승하 후 낙선재에 머물다가 1966년 73세로 세상을 떠나 유릉에 합장되었다.

유릉은 조선 왕릉 중에서 유일하게 하나의 봉분에 세 명을 합장한 동봉삼실릉이다. 황제릉으로 조성되었고, 홍릉과 형식은 거의 같으나 조금 작다. 경기도 남양주시 금곡동 홍유릉 경내에 있다.

<순종 유릉>

03. 일제강점기

1. 안중근의사 기념관

안중근安重根은 1879년 9월 2일 황해도 해주에서 안태훈과 조마리아의 장남으로 태어났다. 등과 가슴에 북두칠성 모양의 점이 일곱 개 있다 하여 어렸을 때 이름은 안응칠安應七이었다. 안중근의 가문은 5대조부터 무과 급제자를 여럿 배출한 해주의 명문가였다. 조부 안인수는 진해현감을 지냈으며 미곡상을 하여 상당한 부를 모았다.

아버지 안태훈(1862~1905)은 일찍이 진사과에 합격하여 안진사라고 불리었다. 박영효가 선발한 일본 유학생에 포함되었고, 개화당에도 관련되어 있었다. 1884년 갑신정변으로 신변이 불안해진 안진사는 식솔들을 이끌고 황해도 신천군 청계동으로 이주했다. 1894년 동학농민전쟁에서는 안중근을 데리고 농민군 토벌에 참가하였다. 1896년에 천주교에 입교하였으며, 다음 해에는 온 가족을 천주교에 입교시켰다. 안중근, 안정근, 안공근, 안성녀 3남 1녀를 두었다.

청계동으로 이사할 당시 6살이었던 안중근은 할아버지의 각별한 배려 속에 서당에 다니며 한학을 배웠다. 어려서부터 말수가 적고 생각이 깊었다. 학문에는 큰 뜻이 없었고 사냥꾼들과 어울려 산천을 돌아다니기를 좋아했다. 16세에 김아려와 혼인을 하였다.

1897년 19세에 천주교에 입교하여 도마(토마스, 다묵)라는 세례명을 받았으며, 그 해는 고종이 대한제국을 선포한 해였다. 2년 후 뮈델 주교에게 대학 설립을 건의했으나 받아들여지지 않자, 천주교는 믿으나 외국인 신부에 대해서는 의문을 품고 프랑스어 공부를 중단하고 독자적인 구국의 길을 걷기로 결심하였다.

1905년 아버지의 지원 아래 독립기지 설립을 위해 중국 상해, 청도 등을 방문했으나 아버지의 죽음으로 중도 귀국하였다. 그 해에 을사늑약이 체결되었고 국운은 이미 기울어지고 있었다. 1906년에 안중근은 교육의 중요성을 깨닫고 진남포로 이사하여 삼흥학교와 돈의학교를 세워 후진 양성에 힘을 쏟았다.

1907년에 고종의 강제 퇴위와 군대 해산을 목격한 안중근은 국내활동보다 국외활동을 전개하기로 하여 블라디보스토크로 가서 의병 활동을 준비했다. 1908년 의병부대에 참가해 국내 진공작전을 벌여 왜군과 전투를 벌였으나 화령 영산에서 크게 패하고 말았다. 의병 활동에 회의를 느낀 안중근은 다른 방도를 찾기 시작했다.

1909년 3월, 안중근은 11명의 동지와 함께 왼손 약지손가락 한 마디를 자르는 단지동맹을 결성했다. 은밀히 자신이 할 일을 찾고 있던 안중근은 마침내 해야 할 일을 찾았다. 10월 19일 블라디보스토크에 도착한 안중근은 이토 히로부미가 만주를 시찰한다는 정보를 들었다. 다음 날부터 안중근은 이토 처단 계획을 세우고 동지 우덕순, 유동하, 조도선과 함께 치밀하게 거사를 준비했다.

10월 25일 지야이지스고 역을 떠난 안중근은 26일 아침 7시 경에 하얼빈 역에 도착하여 역 주위를 살펴보며 마음을 가다듬었다. 안중근은 특등사수였다. 어릴 때부터 해주 청계동에서 사냥꾼들과 함께 달리는 짐승을 쏘아 맞추던 실력이 있었다. 이토가 탄 기차가 9시 15분에 하얼빈 역에 도착했다.

<빌렘 신부와 면담하는 안중근>

열차에서 내린 이토는 러시아 의장대를 지나 일본인 환영단 쪽으로 향하고 있었다. 군중을 헤치고 튀어나온 안중근은 이토를 향해 침착하고 정확하게 순식간에 일곱 발을 발사했다. 그 중 세 발이 늙은 도적의 몸통에 박혔다. 러시아 군인들이 달려들어 제압하자 권총을 떨어뜨리고 '꼬레아 우라'를 세 번 외치고 그 자리에서 체포되었다. 대한의군 참모중장의 이름으로 안중근은 적의 괴수를 총살한 것이다.

안중근은 하얼빈에서 뤼순 감옥으로 이송되어 재판을 받고 2월 14일에 사형선고를 받았다. 재판 중에는 15개 항목의 이토의 죄목을 낱낱이 밝혀 자신의 정당성을 증명하였다. 감옥 안에서 자서전인 <안응칠 역사>와 논설 <동양평화론>과 편지 등을 남겼고, 방문한 사람들과 감옥의 직원 등에게 많은 글씨를 써주었다.

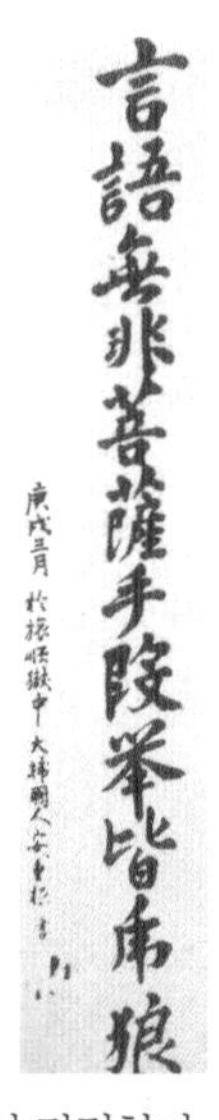

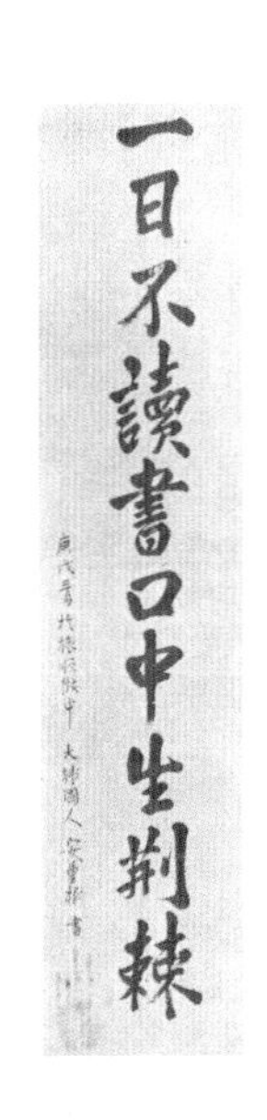

<국가안위노심초사> 나라의 안위를 마음 태우며 걱정한다.
<견리사의견위수명> 이익을 보거든 정의를 생각하고 위태함을 보거든 목숨을 바쳐라.
<언어무비보살수단거개호랑> 말은 보살처럼 하지만 하는 짓은 모두 호랑이다.
<일일부독서구중생형극> 하루라도 책을 읽지 않으면 입안에 가시가 돋친다.

<안중근 유묵>

어머니 조마리아는 큰아들 안중근에게 편지로 나라를 위해 목숨을 바치라고 하였다. 1910년 3월 26일, 32세의 안중근은 교수형으로 순국하였다. 시신은 근처 공동묘지에 버려져 찾을 길이 없다. 안중근 순국 후 어머니 조마리아는 가족들을 데리고 노령으로 망명하였고, 임시정부 수립 후에 다시 상해로 망명하였다. 남은 자녀들은 모두 독립운동에 헌신하였다.

안중근은 순국 직전에 두 아우 정근, 공근에게 이렇게 유언을 남겼다. < 내가 죽은 뒤에 나의 뼈를 하얼빈 공원 곁에 묻어 두었다가, 우리 국권이 회복되거든 고국으로 반장해 다오. 나는 천국에 가서도 또한 마땅히 우리나라의 회복을 위해 힘쓸 것이다. 너희들은 돌아가서 동포들에게 각각 모두 나라에 책임을 지고 국민된 의무를 다하여, 마음을 같이 하고 힘을 합하여 공로를 세우고 업을 이루도록 일러다오. 대한 독립의 소리가 천국에 들려오면, 나는 마땅히 춤추며 만세를 부를 것이다. >

1970년 안중근의사숭모회에서는 일제의 조선신궁이 있던 남산 서쪽 기슭에 일제의 기를 누르고 민족정신을 바로잡기 위해 안중근의사 기념관을 개관했다. 2010년 거사일인 10월 26일에 새 기념관을 개관하고 새 동상을 제막했다.

<안중근 의사>

2. 서대문 형무소

1908년 10월, 일제는 침략에 저항하는 조선의 애국자들을 투옥하기 위해 인왕산 남쪽 아래 서대문구 현저동에 근대식 감옥을 개설했다. 설계는 일본인이 하였고, 5백여 명의 기결수를 수용할 수 있는 1,750㎡의 목조건물을 지어 경성감옥이라 하였다. 5백여 년 간 사용하던 종로 전옥서 감옥에 수감되어 있던 기결수들이 이감되었고, 개소 당시 수감자는 2,019명이었다. 허위, 이강년, 이인영 등 의병장들이 이 무렵 투옥되었다가 이곳에서 사형으로 순국했다.

1910년 합병 후 일제는 늘어나는 항일 애국인사들을 모두 수감하기 어렵게 되자 1912년에 서울 마포구 공덕동에 새로 감옥을 지어 경성감옥이라 하고, 이곳은 서대문감옥이라고 이름을 바꾸었다. 1916년에 증축이 있었고 1918년부터는 형무관 양성 시설을 갖추었다.

1919년 3 · 1운동으로 수감자는 폭증했다. 기존 수감자 1,600여 명과 만세운동 가담자 1,400여 명이 추가 수감되어 3천여 명이 수감되었다. 당시 18세 미만의 소녀수들은 모두 이곳에 수감되어 있었다. 유관순 열사도 구금되어 모진 고문 끝에 순국했고, 민족대표 33인을 비롯하여 수많

<서대문 형무소>

은 애국자들이 투옥되어 고초를 겪었다.

1923년 5월에 서대문형무소로 이름이 바뀌었다. 1925년, 1934년에도 증축이 있었고, 1935년에는 미결수를 구금하는 구치감 시설을 갖추었다. 전국의 10년 이상 언도 받은 기결수도 수감되었다. 광복 전년인 1944년에 서대문형무소에는 2,890명이 수용되어 있었다. 양한묵, 강우규, 채기중, 안창호, 한용운, 여운형, 김정련 등 많은 독립운동가들이 이곳에서 순국하거나 수감되어 있었다.

1945년 8월, 광복으로 애국지사들이 모두 풀려나와 일제에 의한 고난의 시기는 끝났다. 해방 직후 시기에는 반민족 행위자와 친일 세력들이 대거 수용되었다. 1950년에 서대문형무소는 서울형무소로 이름이 바뀌었고, 1961년에 서울교도소로 다시 개칭되었다. 이 무렵에는 4 · 19 혁명과 5 · 16 군사 쿠데타 같은 정치 상황에 따른 시국 사범들이 주로 수감되었다. 1967년 7월 서울구치소로 이름이 다시 바뀌었다.

서울구치소가 도심에 있는 것이 좋지 않아 1987년 11월에 경기도 의왕시로 이전되었다. 당시 서울구치소 옥사는 모두 15개동이었으나 역사성과 보존 가치를 고려하여 보안과 청사, 제 9~12 옥사, 공작사, 한센병사, 사형장 등은 남겨 두고 나머지는 모두 철거되었다. 1988년 2월에 김

<서대문 형무소 옥사>

구, 강우규, 유관순 등이 옥고를 치른 제 10, 11, 12사와 사형장이 사적 제 324호로 지정되었다. 서대문 형무소에는 80년 동안 약 35만 명이 수감되어 있었다.

1992년 제 47주년 광복절을 맞아 이 일대는 서대문독립공원으로 개원되었다. 1998년에는 서대문형무소역사관을 개관했고, 3 · 1운동 때 유관순 열사가 갇혀 있던 지하 여자감옥, 윤봉길 의사가 복역 중 만들었다는 붉은 벽돌, 강우규 의사가 처형당한 사형장, 독립투사들이 투옥되었던 3㎡ 남짓한 좁은 감방들이 원형대로 복원되었다. 역사관 자료실에서는 일제 감시대상 인물카드 6천여 건과 독립운동 관련 판결문 1만 9천여 건, 국가 공훈에 대한 자료들을 열람할 수 있다. 현재 대지면적 28,112㎡ 건축면적 4,726㎡ 연면적 8,264㎡ 다.

일제강점기에 수많은 애국자들이 좁은 감방 안에서 비통한 절규를 토하며 쓰러졌고, 악랄한 고문에 피를 쏟으며 숨을 거두었고, 사형장의 이슬로 사라졌다. 지금, 서대문형무소에서는 그 당시 사용하던 고문 도구들과 고문 현장을 볼 수 있다. 많은 학생들이 견학을 와서 놀라움과 분노를 느끼고, 별다른 생각 없이 온 일본인 관광객들이 눈물을 흘리는 곳이 이곳이다.

<서대문 형무소 옥사 내부>

3. 효창공원

효창공원孝昌公園은 정조와 의빈 성씨 사이의 큰아들 문효세자(1782. 10~1786. 6)의 무덤인 효창원이 있던 곳이다. 문효세자는 생후 22개월에 세자로 책봉되어 조선 역사상 가장 어린 나이에 세자가 되었으나 5세에 세상을 떠났다. 후에 문효세자의 생모인 의빈 성씨, 순조의 후궁인 숙의 박씨, 숙의 박씨의 소생인 영온옹주가 안장되었다.

효창원 일대는 수림이 울창하고 경관이 좋은 곳이었다. 1894년 5월 청일전쟁이 일어나기 직전, 조선에 불법 주둔한 일본군 부대가 효창원 남쪽 끝 솔밭에 주둔하면서 경관이 허물어지기 시작했다. 일제강점기에는 일본군의 비밀작전지역으로 사용되었고, 1924년 6월에 일제는 효창원의 일부를 공원으로 개방하고 1940년에는 효창공원이라 불렀다. 일제 패망 직전인 1945년 3월에는 문효세자묘를 비롯한 모든 무덤들을 경기도 고양시의 서삼릉으로 옮겼다.

해방 후, 1946년 7월에 김구 등이 중심이 되어 조국 광복을 위해 목숨을 바친 이봉창, 윤봉길, 백정기 세 분 의사의 유해를 이곳에 안장하고 삼의사묘라 했고, 왼쪽 끝에는 안중근 의사의 가묘를 만들었다. 1948년

<삼의사묘>

9월에는 임시정부 요인이었던 이동녕, 차리석, 조성환을 공원 동남쪽 기슭에 안장했다. 1949년 6월에는 김구마저 세상을 떠나자 서북쪽 언덕에 안장하여 효창공원 일대는 일제에 항거한 애국지사들을 모신 선열묘소가 되었다.

이봉창(1900~1932)은 1932년 1월 일본 도쿄에서 일본 천황에게 수류탄을 던졌으나 실패하고 그 해 10월 사형으로 순국했다.

윤봉길(1908~1932)은 1932년 4월 상해 홍커우 공원에서 일본군 사령관 등에게 도시락폭탄을 던져 성공했고 12월 총살형으로 순국했다.

백정기(1896~1934)는 1933년 상해 홍커우에서 일본인, 친일 중국인이 모인 자리에서 거사하려 했으나 사전 발각되어 복역 중 순국했다.

이동녕(1869~1940), 차리석(1881~1945), 조성환(1875~1948)은 일찍부터 독립을 위해 싸웠고, 상해 임시정부에서 중요한 직책을 맡아 헌신하였다.

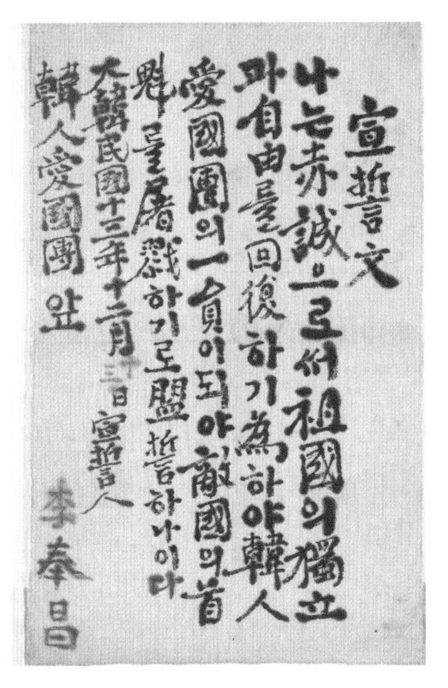
宣誓文
나는赤誠으로써祖國의獨立
과自由를回復하기爲하야韓人
愛國團의一員이되야敵國의首
魁를屠戮하기로盟誓하나이다
大韓民國十三年十二月十三日 宣誓人
李奉昌
韓人愛國團 앞

선서문
나는 적성으로써 조국의 독립과
자유를 회복하기 위하여
한인애국단의 일원이 되어
적국의 수괴를 도륙하기로
맹서하나이다.

대한민국 13년 12월 13일
선서인 이봉창
한인애국단 앞

<이봉창 선서문>

이승만 정권은 1959년 봄부터 제 2회 아세아축구대회 유치를 구실로 이곳의 묘소를 옮기고 효창운동장 건설을 추진했다. 효창공원선열묘소보존회가 결성되고 각계의 반대 여론이 일어나 묘소 이전은 보류되었으나, 1960년 10월에 수천 그루의 나무와 숲속의 연못까지 파손시키며 효창운동장은 끝내 개장되었다. 운동장 면적은 27,593㎡로 효창공원 남서쪽 아래가 1/4 가까이 잘려 나갔다. 다음 해 5 · 16 군사쿠데타 이후 다시 선열묘소를 서오릉 부근으로 이전하려 했으나 역시 유족과 사회 각층의 반대로 철회되었다.

1972년에 효창공원 정비사업이 10개년 계획으로 시행되었다. 1984년 12월에는 각 묘소 앞의 묘표석을 새로 세우고, 1988년 12월에는 의열사와 창열문을 건립하고, 묘역 확장과 정비를 마무리 지었다. 1989년 6월 사적 제 330호로 지정되었고 공원 면적은 123,307㎡이다.

백범기념관은 백범 김구金九(1876~1949)의 삶과 사상을 널리 알리기 위해 2002년 10월에 효창공원 안에 건립된 기념관이다. 한국 근현대사 가운데 동학, 의병, 애국계몽운동, 임시정부, 의열투쟁, 한국광복군, 통일운동, 교육운동 등과 백범의 일대기에 관련한 각종 기록과 자료가 전시되고 있다.

김구는 황해도 해주에서 김순영과 곽낙원의 외아들로 태어났다. 18세 때인 1893년에 동학에 입교하여 다음 해 동학군에 앞장섰으나 관군에 대패했다. 1895년에 명성황후가 일본인에게 시해되니 김구는 국모의 원수를 갚는다고 치하포에서 일본인 하나를 때려죽였다. 그 일로 사형을 선고 받았으나 고종의 특사로 목숨은 건졌고, 석방이 되지 않자 탈옥을 감행했다. 조선이 일본에 합병된 후 안악사건에 연루되어 옥고를 치렀다. 1919년 3 · 1 운동 이후 일제의 감시와 탄압이 더욱 심해지자 상해로 망명하여 임시정부에서 활동했다. 1945년 광복으로 귀국했으나 조국이 남북으로 갈라지고 있어 김구는 분단을 막고자 애를 썼다. 6 · 25 전쟁이 일어나기 1년 전 같은 민족의 총탄에 숨을 거두었다. 김구는 자신의 생애를 기록한 <백범일지>를 남겼다.

04. 대한민국

1. 국립서울현충원

국립서울현충원은 서울 동작구 동작동에 위치한 순국선열과 호국영령들이 잠들어 있는 묘역이다. 관악산 기슭의 북쪽 끝, 한강변에 자리잡고 있다. 해발 179m의 높지 않은 공작봉 산줄기가 완만한 경사를 이루며 묘역을 감싸고 있는 포근한 곳으로 1년 내내 국내외 참배객이 끊이지 않는 성지다.

1954년 3월에 정지공사를 시작하여 1955년 7월에 대지 144만㎡의 국군묘지가 창설되었다. 1956년 1월부터 전몰장병이 안장되고, 그 해 6월 6일에 제 1회 현충일 추념행사가 거행되었다. 이어 항일의병과 애국지사, 재일학도의용군, 학도의용군 무명용사가 안장되었다. 1965년 3월에 국립묘지로 승격되었고, 7월부터 전사, 순직 경찰관이 안장되었다. 1968년 말까지 3년에 걸친 공사 끝에 묘역 238,017㎡와 광장, 임야, 행정지역이 조성되었다.

1993년 8월에는 상해 임시정부 요인이 안장되었고, 1996년 6월에 국립묘지에서 국립현충원으로 이름이 바뀌었다. 2006년 1월 국립현충원에서 국립서울현충원으로 명칭이 다시 변경되었다.

<국립서울현충원>

2015년 말 매장 묘소는 국가원수 4위, 임시정부요인 18위, 애국지사 259위, 국가유공자 66위, 일반유공자 19위, 장군 371위, 장교 5,864위, 부사관 및 사병 50,605위, 군무원 1,980위, 경찰 1,032위로 60,218위다. 위패는 10만 4천여 위, 무명용사 위패 1,001위다. 국립서울현충원은 16만 5천여 애국자가 잠들어 있는 곳이다.

서울현충원 묘역의 대부분은 장병 묘역으로 아래 그림의 붉은 선 안쪽이다. 서울현충원은 더 이상 묘소를 수용할 수 없어 1985년에 대전광역시 유성구에 국립묘지 대전분소가 설치되었고, 1996년 6월 국립대전현충원으로 명칭이 변경되었다.

국립서울현충원의 지형은 동작포란형으로 구리빛 공작이 두 날개로 묘역을 감싸고 알을 품고 있는 형상이라 한다. 현충원 안에는 중종의 후궁이며 선조의 할머니인 창빈 안씨(1499~1547)의 묘와 신도비가 있다. 선조는 창빈의 아들 덕흥대원군의 아들 하성군이다. 하성군은 중종의 일곱째 아들의 셋째 아들로 왕위 계승과는 거리가 멀었으나 왕위에 올랐고, 이후 조선의 왕들은 모두 선조의 계통에서 나왔다. 공작이 알을 품고 있다는, 그 알에 해당하는 자리에 창빈 묘가 있기 때문이라고 한다.

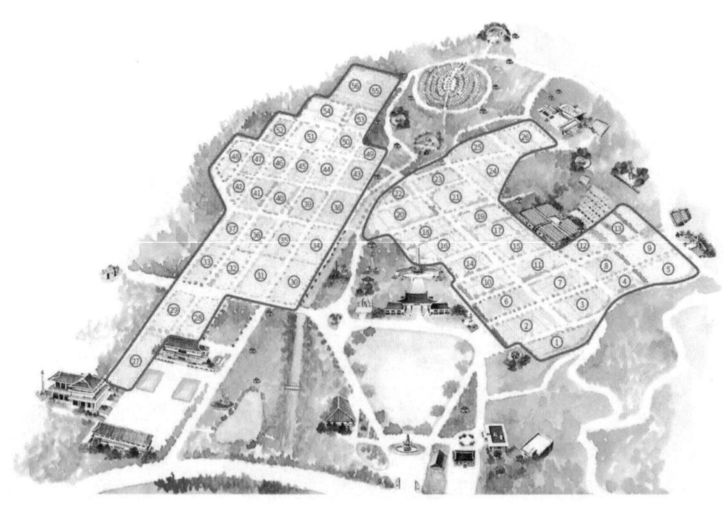

<국립서울현충원 장병 묘역>

2. 서울역사박물관

서울역사박물관은 서울의 역사와 서울 사람들의 시대별 생활상을 보여주기 위해 건립된 도시역사박물관이다. 본래 그 자리에는 경희궁이 있었다. 경희궁은 임진왜란 후 1616년 7월부터 공사를 시작해 다음해 6월에 완공된 조선의 이궁이었고, 처음 이름은 경덕궁이었다. 영조 36년(1760)에 경희궁이라고 이름이 바뀌었다.

경희궁은 경복궁 중건 시기와 일제강점기에 전각들이 모두 사라졌다. 일제강점기에 경희궁 자리에는 일본인 자제들을 위한 경성중학교가 설립되었고, 해방 후에는 서울중고등학교가 그 자리에 설립되었고, 1980년 서울고등학교는 서울 서초구로 이전하였다. 1986년부터 박물관 건립이 추진되어 2002년 5월에 서울역사박물관이 개관했다. 박물관이 있는 자리는 경희궁의 내전, 서울고등학교의 운동장이 있던 자리다.

서울역사박물관 1층에는 기증유물전시실과 기획전시실, 3층에 상설전시실이 있다. 18만 점 이상의 서울 관련 유물들을 소장하고 있으며, 경희궁, 경교장 등 11개소의 분관이 있다. 박물관 건축 면적은 7,448㎡, 연면적은 20,166㎡다.

<서울역사박물관>

3. 국립중앙박물관

국립중앙박물관은 2005년 10월, 서울 용산구 용산동에 신축 개관한 대한민국의 대표 국립박물관이다. 주변 환경은 쾌적하고 건물도 장중하며 소장 유물도 충실하다. 대지 면적 295,551㎡, 건축 면적 49,469㎡, 연면적 138,157㎡이고, 22개 수장고의 총면적은 17,134㎡다. 경주, 광주, 전주, 부여, 공주, 진주, 청주, 대구, 김해, 제주, 춘천, 나주, 익산의 13개 지방 분관이 있다.

전시동은 3층으로 각 층마다 유물의 시대와 특성에 따른 2개의 상설 전시관이 있어 모두 6개의 전시관이 있다. 1층에 선사고대관과 중세근세관, 2층에 서화관과 기증관, 3층에 조각공예관과 아시아관이 있다. 전시동 밖에 어린이박물관, 야외전시장, 한글박물관이 별도로 있다. 국립중앙박물관에서는 상설전시 외에 다양한 특별전시가 수시로 개최되고 있으며, 각종 교육과 문화행사, 국제교류 등이 진행되고 있다. 관람객 수는 연간 3~4백만 명이다.

소장 유물은 2018년 말 기준으로 201,976건에 410,296점이다. 지정 문화재는 국보 72점, 보물 256점, 국가민속문화재 6점으로 합계 234건에 334점이다. 소재별로는 금속 59, 토제 9, 도자기 45, 석 36, 나무 15, 지 129, 사직 31, 기타 10점이다. 2018년 6개의 전시관에서 전시된 유물은 5,812건에 11,012점이다.

1909년 11월 창경궁에 제실박물관 개관.
1911년 2월 제실박물관을 이왕가박물관으로 개편.
1915년 12월 경복궁에 조선총독부박물관 개관.
1926년 6월 총독부박물관 경주 분관 개관.
1938년 6월 이왕가박물관, 덕수궁 석조전 서관에 이전 개관.
1939년 4월 총독부박물관 부여 분관 개관.
1945년 12월 총독부박물관 인수하여 덕수궁 석조전에 국립박물관 개관.

1946년 4월 개성부립박물관을 개성 분관으로 흡수 통합.
공주 분관 개관.
이왕가미술관, 덕수궁미술관으로 개편.
1950년 6월 6 · 25 전쟁으로 부산으로 이전.
12월 국립민족미술관을 남산 분관으로 흡수 통합.
1953년 8월 부산에서 경복궁으로 이전.
1954년 1월 경복궁에서 남산 분관으로 이전.
1955년 6월 남산 분관에서 덕수궁 석조전으로 이전.
1969년 5월 덕수궁미술관을 흡수 통합.
1972년 7월 국립박물관을 국립중앙박물관으로 명칭 변경.
8월 덕수궁에서 경복궁 현 국립민속박물관으로 신축 이전 개관.
1973년 10월 국립공주박물관 신축 이전 개관.
1975년 7월 국립경주박물관 신축 이전 개관.
8월 지방 분관을 지방 박물관으로 개편.
1978년 12월 국립광주박물관 개관.
1979년 4월 한국민속박물관을 흡수 통합.
1984년 11월 국립진주박물관 개관.
1986년 8월 현 국립민속박물관 건물에서 구 조선총독부청사로 이전.
1987년 10월 국립청주박물관 개관.
1990년 10월 국립전주박물관 개관.
1992년 10월 국립민속박물관 분리 개편.
1993년 8월 국립부여박물관 신축 이전 개관.
1994년 12월 국립대구박물관 개관.
1996년 12월 국립중앙박물관, 경복궁 현 국립고궁박물관으로 이전 개관.
1997년 10월 서울 용산 국립중앙박물관 건립 기공식.
1998년 1월 국립진주박물관을 임진왜란 박물관으로 재개관.
7월 국립김해박물관 개관.
2001년 6월 국립제주박물관 개관.
2002년 10월 국립춘천박물관 개관.

2004년 5월 국립공주박물관 신축 이전 개관.
2005년 10월 서울 용산 국립중앙박물관 신축 이전 개관.
2013년 11월 국립나주박물관 개관.
2019년 2월 국립익산박물관 개관.

<금동반가사유상>

<국립중앙박물관>

사진 출처

문화재청
문화재청 <국가문화유산포털>
국립중앙박물관 <e 뮤지엄>
한국학중앙연구원 <한국민족문화대백과사전>
국립민속박물관
국립고궁박물관
국립서울현충원
서울역사박물관
안중근의사기념관
서울고등학교

최 종 수

서울에서 태어나고 자랐다. 국문학을 전공하였으나 다른 인문 분야에도 깊은 관심을 보이고 있다. 모든 창작과 학문은 기본이 중요하며, 원리는 다 마찬가지라고 생각하고 있다. 지은 책으로 장편소설 <가을빛에 지다><기다림의 조건>과 인문서적 <서울이 보고 싶다><한국사 연대표><세계사 연대표>(근간) <WQ EQ IQ 테스트> 등이 있다.

서울이 보고 싶다

초판 인쇄 2021년 6월 21일
초판 발행 2021년 6월 30일
지은이 최종수
발행처 역민사
등록 제 10-0082호
주소 서울 은평구 연서로 46길 7
전화 02-2274-9411
이메일 ymsbpcjs@naver.com
인쇄 · 제책 영신사
디자인 디자인 KM

ISBN 978-89-85154-58-1 93910
값 15,000원